合理定价
巧赢利

（David Falzani）

［英］戴维·法扎尼 —— 著   文思遥 —— 译

DOUBLE YOUR PRICE

中国科学技术出版社

·北 京·

本书中文简体字版由培生集团授权中国科学技术出版社有限公司出版。未经出版者书面许可，不得以任何方式复制或抄袭本书内容。本书经授权在中华人民共和国境内（不包括香港特别行政区、澳门特别行政区和台湾地区）销售和发行。

本书封面贴有 Pearson Education 激光防伪标签，无标签者不得销售。

版权所有，侵权必究。

北京市版权局著作权合同登记　图字：01-2023-5148。

图书在版编目（CIP）数据

合理定价巧赢利 /（英）戴维·法扎尼（David Falzani）著；文思遥译 .
— 北京：中国科学技术出版社，2024.7
书名原文：Double Your Price: The Strategy and Tactics of Smart Pricing
ISBN 978-7-5236-0647-6

Ⅰ . ①合… Ⅱ . ①戴… ②文… Ⅲ . ①企业定价—研究 Ⅳ . ① F274

中国国家版本馆 CIP 数据核字（2024）第 072671 号

策划编辑	褚福祎	责任编辑	褚福祎
封面设计	创研设	版式设计	蚂蚁设计
责任校对	邓雪梅	责任印制	李晓霖

出　　版	中国科学技术出版社
发　　行	中国科学技术出版社有限公司销售中心
地　　址	北京市海淀区中关村南大街 16 号
邮　　编	100081
发行电话	010-62173865
传　　真	010-62173081
网　　址	http://www.cspbooks.com.cn

开　　本	880mm×1230mm　1/32
字　　数	197 千字
印　　张	10
版　　次	2024 年 7 月第 1 版
印　　次	2024 年 7 月第 1 次印刷
印　　刷	大厂回族自治县彩虹印刷有限公司
书　　号	ISBN 978-7-5236-0647-6/F·1238
定　　价	68.00 元

序

如果你认为企业的定价战略可以与企业的整体战略分开处理，那就大错特错了。除非企业的生产效率比竞争对手高，或者劳动力成本比竞争对手低，否则企业很少会采用低价策略。

大多数企业的目标都是利用技术和创新以及对客户的了解，使产品对客户更具吸引力，从而创造竞争优势。除非外界条件或规模经济使企业的成本低于其竞争对手，否则企业应该避免从事不可能获得竞争优势的大宗商品业务。

创办新企业的企业家应时刻牢记苹果手机的成功案例。苹果手机为苹果公司带来了巨大的人均附加值，这并不是因为它的生产成本比竞争产品更低，而是因为苹果公司生产的产品在提供的服务、易用性和设计质量方面都非常受消费者欢迎，因此消费者愿意为它支付更高的价格。凭借坚持不懈的创新过程和令人惊叹的工程技术，苹果公司在市场中领先。

而对于那些需要与新加坡和韩国等新兴发达国家及地区的企业竞争的企业而言，上述各点尤为重要。这些国家及地区如今可以像英国一样制造高质量的商品，但工资水平仍然较低。西方世界的企业与其通过"逐底竞争"来寻求降低成本和价格，不如通过"逐顶竞争"来提高创新力，从而创造出消费者愿意为之支付高价的高知识密集型新产品。

在本书中，作者向读者展示了企业如何制定正确的定价战略，从而实现赢利、再投资和增长，以及如何避免许多新企业家会犯的错误。在当今竞争激烈的全球市场中，所有打算创办新企业并实现赢利增长的人，都应该读一读本书。

戴维·塞恩斯伯里（David Sainsbury）
（特维尔的）塞恩斯伯里勋爵（Lord Sainsbury of Turville）

目录

PART 1

第一章

为什么要阅读本书

本书将会探讨智能定价法的战略和战术。读者可以通过本书了解如何进行定价以及如何避免定价中的常见错误，例如由于认知偏差导致的错误。在本书中，你将看到关于如何制定和管理价格的见解、工具和指导，了解何时以及如何合理地制定较高的价格。本书还将帮助你了解如何在自己的企业中，创建具有价值导向的企业文化，如何与他人谈论定价战略，并达成共识。

因此，本书面向的读者群体包括企业经理、企业主、企业家和学生。总而言之，只要你希望拓展业务（无论是从零开始还是已有基础），并且对如何通过智能定价法来实现这一目标感兴趣，本书都是你的不二选择。只要合理采取智能定价法，企业便无须募集新的投资资金——如寻求银行贷款或向投资者出售股票。这些活动耗时长久且耗资巨大，通常是企业发展中必不可少的环节。

本书的写作目的主要是帮助企业避免出现重大问题，这在大大小小的企业合作中屡见不鲜：定价过低或定价不高。企业在初期发展阶段常出现这种失误，许多历史悠久的企业也不例外，这也是企业在成功之路上会遇到的巨大阻碍。通常情况下，所有定价都有自己的"甜蜜点"。定价可能偏高，也可能偏低，较常见的情况是定价偏低。在考虑如何看待特定价格时，企业往往会低估定价"框架效应"的重要性。

价格是决定成长型企业能否生存和繁荣的关键因素之一，但人们尚未充分认识到定价过低的危害。这种长期存在的盲点不仅会严重威胁到成长型企业的发展，甚至还会危及国家层面的社会和经济健康。

因此，无论是大型企业还是小型企业，重新审视定价并采用智能定价法都是一桩划算的买卖。

在任何国家，初创企业和中小企业通常都是市场中的创新者。它们代表着高增长的前沿力量，是提高国民生产力、保持经济良好状态的强大动力，可以帮助我们解决面临的许多问题。在英国，初创企业和中小企业占据企业总数的99%，提供了60%的私人部门就业岗位，贡献了超过50%的年营业额。在美国，3000万家中小企业提供了近三分之二的私人部门新增就业岗位，即美国就业岗位总数的一半。

初创企业和中小企业也是大型企业创新发展的关键驱动力，为大型企业提供创新解决方案和新技术。

认知偏差往往会促使初创企业的所有者和大型企业的管理者加入价格战，而非注重产品或服务的质量。在本书中，作者将重点探讨价格问题，旨在通过解释和纠正这种认知偏差，为小型企业和大型企业提供切实支持。我们会发现，"以质取胜"方为上策，而"打价格战"往往会以失败告终。

读完本书后，你将了解为什么价格在现实中既具有价值意义，又具有战略意义。你将了解价格问题为什么值得重视，为什么价格对所有企业的生存和发展都至关重要。有些企业只制定一次价格，或者每年制定一次价格——你将了解这种普遍做法为什么是错误的，而且从商业角度来看可能是致命的。

本书将回答以下问题：

- 我们应该为自己的产品或服务收取多少费用？
- 我们的客户愿意支付多少费用？
- 如果提高价格，我们会流失客户吗？
- 如何制定价格可以帮助我们收回成本？
- 定价战略有什么优点？
- 提高或降低价格会帮助我们在业务上取得成功吗？

对于本书的澄清

为免引起误解，有必要在此说明，本书谈及的提高价格，并不是为了鼓励牟取暴利或哄抬物价。这些做法并非正途，也不利于可持续发展，这种念头还是趁早打消为好。

至少在本书中，我们所讨论的提高价格是为了产生经济盈余，用于对产品开发进行再投资和鼓励创新；为了让积极主动、能力强的员工获得更优质的培训和更高的薪水，从而提高员工能力，降低员工流失率，进而为客户提供更高的价值，打造一支更快乐、更熟练、更高效的工作团队。归根结底，就是想方设法让企业更好地为所有利益相关者服务。

如何使用本书

本书介绍了各种定价选择的技巧和方法。书中还包含许多实例和练习，可帮助读者将这些方法应用到自己的企业中。

定价问题属于营销和销售领域，这是一个内容丰富又具有众多分支的主题领域。这一问题中存在许多行业专属的方法和规范，这就是为什么我试图从更广泛的视角出发，围绕定价的重要性提供一系列见解和解决方案。

你可以将其中一些见解和解决方案用于自己的企业，有些则不适用。我将引导各位读者了解各种定价方法，帮助你从中选择。相信你将对定价的作用有全新的认识，包括定价会如何影响你个人和你的企业，并在此过程中释放巨大的价值。

本书介绍了企业当前在定价中使用的工具和技术，以及他们有时为了从客户和消费者那里榨取更高的利润而使用的一些小伎俩。这些在书中都有解释，你可以决定如何最大化利用这些信息——例如,有些读者可能希望提高自己的意识,保护自己作为消费者的权益。

在第二章中,我们将着手分析定价过低的问题,思考为什么这种现象在我们所谓的"高增长企业"中如此普遍。高增长企业通常指各种规模的创业型企业,无论是初创企业、中小型企业还是成长型企业,所有这些企业在定价方面都存在着类似的问题。在第三章中,我们会发现高增长企业还包括规模更大、更稳定的企业——这些企业面临的风险通常也不小。

在第四章中,我们将回顾20世纪30年代在美国大学首次提出的传统价格理论,并思考为什么这个理论无法满足当今高增长企业的需求。然后,我们将在第五章中探讨为什么价格对于增长如此重要以及它如何与支持正向现金流挂钩。

为了进行良好的定价实践,我们将在第六章中探讨为什么价格通常不能等同于"成本相加"——尽管这种方法经久不衰,之后继续了解应该如何定价。在第七章和第八章中,我们将思考价格与价值之间的关系如何变化,并探讨如何通过高增长企业可以产生的再投资率来释放增长潜力。

本书的第九至第十二章涉及如何向前迈进。第九章提出了一个问题——有没有办法让价格翻倍?接下来的三章将深入探讨关键的认知偏差以及提价的战略和新形式的价值管理的建议。

综上所述,你应该明白,把价格降至最低往往是错误的。

我合作过的几乎每个成功的高增长企业都有着非常充足的预算，而这个预算是根据明智的定价战略制定的。低价不一定就意味着低风险。

PART 2

第二章

为什么定价过低是错的

定价过低是我在培训、指导处于发展早期的企业时，最常遇到的问题之一。这也是我在为大型企业提供咨询时的常见问题。

那么，什么是定价过低？定价过低是指企业的常规销售价格大大低于其本可以制定的价格。

因此，定价过低是指企业决定制定一个价格，但这个价格低于其应有水平。我们假设它比应有水平低1%或2%。1%或2%听起来无关痛痒，但后面的讲解会让你明白这是一个很大的数额，而且对利润的影响比许多人预想的要大得多。定价过低的企业实际上是浪费了一手好牌，没能获得自己应得的全部经济回报。

定价工作有时会让企业头疼不已。有些企业意识到了自己定价过低，忧心如焚；而有些企业则根本没有考虑过这个问题——即使他们制定的价格远远不能满足自身的需求。本书并不是说所有企业都是如此（在有些例外情况下，价格管理几乎无关紧要），但几乎所有企业都存在这种情况。往好了说，他们没有最大限度地发挥价格的作用；而往坏了说，定价过低会是他们成功路上的绊脚石。

这个问题很简单，即没有为优质的产品或服务匹配一个合理的价格。之所以说这是一个"问题"，是因为这些企业没有意识到，如果定价不够高，就会严重限制其生存和发展的前景。定价过低会降低利润，进而削弱企业未来投资、奖励员工和改善产品的能力。

约60%的新创企业在3年内倒闭，利润率和现金流不足是导致这一惊人比例的主要因素。对于那些蹒跚前行的企业来说，低价格和随之而来的低利润率会扼制企业的发展——阻碍小型企业的扩张，或是抑制其增长、压制其潜力、破坏其发展的可持续性，就连超大规模的企业也难逃此劫。

企业通常怎么说

下面是一些企业认为无法制定和提高价格的典型说法：

"我很担心如果提价，就做不成生意了。" 这家企业表示，如果再提高价格，恐怕不会再有客户上门。言下之意，客户对价格高度敏感，会主动选择价格较低的产品和服务。后文将讨论需求的价格弹性以及购买行为如何随价格变化，但也很可能该企业对于自己的价值主张缺乏信心。换句话说，他们并不完全相信自己的产品或服务对客户而言具有价值，而且足以在所有企业的产品和服务中独树一帜，从而在客户决策的过程中，能够为其提供有吸引力的重要产品或服务。

"我们费尽周折才走到了最后阶段，不想前功尽弃。"这家企业的忧虑在于，为了建立对话，他们投入了大量的时间和精力——这便是成本——而提高价格可能会使所有的努力化为乌有，并使投资付之东流。沉没成本也许还没有被考虑在内。

你在经营中遇到过类似的问题吗？如果你为了建立业务发展机会而花费了时间、精力和金钱，是否会因此产生一种压力感，从而努力想让事情圆满结束？这种压力从何而来？你可以采取哪些措施来减轻这种压力？

在这里，我们要考虑一个有用的概念：沉没成本。沉没成本是指已经产生且无法收回的成本。因此，这不应该影响我们对未来的决策。过去的投资决策（包括过去的所有错误）都不应影响人们对未来的选择，否则只能赔了夫人又折兵。因此，新的决策应该基于这个决策本身的价值，与已经投入的成本无关。在大众文化中，有一个典型的沉没成本案例，就是所谓的"协和谬论"，即英国和法国政府因为过去在协和式飞机上有大额的投资，因而他们选择继续投资研制，而没有选择冲销成本、另择出路。但协和式飞机自始至终都是一个失败的项目。

在协和式飞机的案例中还缺少一个背景，即有多少选择的余地——如果企业正在进行一个项目，这是否意味着他们没有太多选择？放弃一笔不划算的买卖，企业可能会赢得其他机会。尽管如此，在报价时，隐含的沉没成本给决策者造成的压力可能是巨大的。

"我们从事的是基于招标的业务。客户会根据价格做出选择。" 招标邀请是一种特殊情况。有些采购方只看价格，选择最便宜的方案（比如反向拍卖），但这并不常见。大多数投标是采用不同标准的矩阵进行评估的，包括交付绩效和质量指标等，价格只是最终选择的考虑因素之一。当然，这也适用于招标程序之外的许多采购决策。

此外，许多客户将价格与质量联系在一起。因此，定价过低可能意味着质量标准较低。大多数市场领域的领导企业都会开出高价，这绝非巧合。

"我们的定价已经比竞争对手高了。" 这家企业对于自己掌握的数据深信不疑，因此自信地判断自己没有定价过低（他们的说法可能正确，也可能不正确），还认为自己明确知道竞争对手是谁，并且能够比较客户价值主张和价值驱动因素的相对优势，而不仅是钱数。有时，正如我们稍后要探讨的那样，企业真正的竞争对手的定价是其参考价格的两倍甚至更高。

该企业还假定客户是理性的，能够准确进行比较，但是有大量证据表明，事实并非如他们所想。

代表了谁的利益

买家（或供应商）是为了谁的利益行事？这些利益又可能是什么？在许多情况下，这两个问题都值得一问。有两个有趣的问题可以说明这一点：

（1）如果你希望与供应商谈判建立长期的合作关系，是愿意和供应商的老板打交道，还是愿意和供应商的员工打交道？

你对此有何看法，为什么？

第二个问题略有不同。

（2）如果你希望与供应商协商达成更低的价格，你是愿意和供应商的老板打交道，还是愿意和供应商的员工打交道？

还是那个问题，你对此有何看法，为什么？

对于第一个问题，要建立长期的合作关系，其中涉及的利益显然与企业主关联更大。长期的合作关系可能会在很长一段时间内创造价值。相比之下，员工可能只在某个岗位或某个企业工作较短的时间，他们在企业中待的时间远不如企业主长。因此，企业主更有兴趣达成长期的合作。

对于第二个问题，任何降价基本上都是直接从企业主的口袋里掏钱：降价将导致利润减少，而利润最终都归企业主所有。相比之下，员工的薪酬通常是固定的，因此给予折扣对他们没有任何经济影响。假设员工有权处理价格问题（这种情况时有发生），那么他们牵扯在其中的程度就小得多，并且更有可能接受价格折扣。

更广泛地说，从制定价格的角度来看，我们可以学到什么？提出"谁的利益受到了威胁，这些利益是什么？"这样的问题，可以帮助我们了解买家对于价格的敏感程度，并帮助我们确定后续问题的答案。身为企业主的买家可能希望"物有所值"——无论这对他们来说意味着什么——可能包括金钱，也可能包括其他东西。而买方员工可能更关心自己的职业发展，希望获得领导的认可，甚至仅希望不被解聘。此外，如果已经有了预算（通常适应于有公共资金的情况），那么预算限额以外的任何金额对员工来说都是可以接受的，尤其是在员工收入远远低于预算也没有奖金的情况下。

✎ 练习：代表了谁的利益

对于贵公司的客户而言，买方是为了谁的利益行事？这些利益是什么？

（1）列出你的五大客户，或你所服务的每个市场中的一位关键客户。

（2）针对每个条目，询问自己以下问题：

    a.谁是主要决策者？

      ⅰ.他们在企业中担任了什么职务？

      ⅱ.有多少人参与决策？

      ⅲ.他们在决策中分别扮演什么角色——指定、

建议还是授权？

b. 他们代表了谁的利益？

 i.他们的决策是代表自己的利益，还是上司、企业或家庭的利益？

c. 这些利益是什么？

 i.他们希望得到什么？

 ii.他们有什么期望？

 iii.他们的潜在动机是什么？

 iv.他们服务的时间段是什么？

 v.如何更好地满足这些利益？

 vi.如果建立关系失败，会产生什么后果？

d. 你的利益是什么？

 i.你的哪些利益与客户的利益相同或冲突？

 ii.你能否影响他们的利益或选择？

 iii.你能否以某种方式创造性地建立共同利益或弥合利益冲突？

 iv.综上所述，你如何才能更好地协调自己与买方的利益？

指导：这项练习针对特定的客户受众，旨在揭示驱动客户决策的基本特征——将个人需求与外部因素区分开来，如在员工进行采购时，将聘请者需求与员工层面的个人或家庭需求区分开来。在进行这项练习时，最好先从容易回答的问题开始。任何最初无法回答的问题，都可以在之后通过进行独立研究或积累更多的知识得以解决。同以往一样，你掌握的有关客户消费决策背景的信息越多，就越有能力调整自己的利益，达成更好的结果。

保持低价的普遍原因

当被问及为什么不能提高价格时，企业最常给出的回答是，他们极其渴望实现销售目标。他们的潜在想法是，价格越高，实现销售目标的可能性就越小。保持低价有时是一种无奈之举。

企业通常出于以下一个或多个原因而试图保持低价：

- 对于企业的价值主张及其带来更高价业务的能力缺乏信心。
- 担心没有足够的销售额和吞吐量来支付管理费用和固定成本。
- 价格在一段时间前就已确定，没有进行积极审查。

接下来，我们逐一详细分析这些原因。

1. 对价值主张缺乏信心

形成这种心态的原因之一可能是企业对之前没能赢得业务感到失望。客户在过去的消费频率不尽人意，这会影响企业未来的决策，导致他们认为低价是促成交易和创造销售额的唯一手段。

还有一个原因，可能是客户投诉定价过高。很不幸，有些客户（某类客户尤其如此）总是抱怨价格太高。这种投诉不值得大惊小怪。甚至可以这样说，某类客户必然会投诉价格。相比之下，其他客户在消费时则毫无怨言。

这里的一个关键点是，客户的反馈意见总是取决于具体的情况。企业都希望客户欣赏、认可自己的产品和服务，但事实是，许多客户知道索取价格折扣的确有效，因此他们可能会玩一些伎俩。正如我常说的，要推出折扣，最简单的方法就是先提价。我建议使用数据来分析此类情况——例如，有什么证据表明，客户在没得到折扣的情况下会改变其消费行动？

此外，有时客户索取折扣也是一个很好的机会，可以对产品进行连带销售和追加销售。连带销售是指在同一交易中销售额外的商品，而追加销售则是指销售更高端或更大件的商品，以代替客户最初考虑的商品。找到对客户有价值的东西（在理想情况下不会产生大量边际成本）就可以维持利润率，并有可能提高发票的总金额。如果能提高平均交易价值，边际利润率增加，那么你就是在积极提高价格。

交易价值

我们需要了解平均交易价值这个概念。如果与客户的互动存在一定的成本，那么交易中任何消费的增加本质上都提升了企业的利润。交易支出的增加提高了每笔交易的平均价格。

有一点需要重申，从根本上说，价值主张概括了客户看重的你所做的事情，这些事情在某种程度上使企业区别于竞争对手，即差异化。价值主张包括你与客户之间的关系以及客户对你的信任和信心。努力思考并制定强有力的价值主张是企业成功的关键因素，同时还应辅之以产品其他方面的服务，如信用条款和促销策略。

2. 担心销售额不足

这种心态的根源在于企业迫切希望产生足够的销售额来收回成本，还源于对需求价格弹性和理性市场的看法，即坚信较低的价格会提高客户消费的概率，从而提升交易量。

事实上，真正能够帮助企业成长的客户可能有着截然相反的感受。他们往往对低价的产品或服务持怀疑态度，注重产品和服务的创意设计。同时，不忠诚的、注重价格的"底层"客户，只会购买便宜的产品或服务，他们对企业的发展并无助益。

重要的是要记住，在任何市场或产品类别中，我们都可以根据不同的标准对客户进行细分，包括根据客户对成本的敏感程度进行细分。从商业角度来看，愿意支付更高价格的优质客户显然对供应商更有价值，也更具吸引力；相比之下，那些对价格极为敏感、对任何特定供应商都没有忠诚度的客户对供应商的吸引力相对较小。

那么，什么是需求价格弹性呢？我们都知道，商店会举办促销活动来销售商品，我们也知道这些活动通常是为了卖出那些以前少有人问津的产品或服务。

20 世纪 30 年代，需求价格弹性这一概念被广泛应用于美国大型企业开发的众多管理理论中，最适用于大众市场以及拥有高营业额和大量客户的大型企业。这一概念与处于早期阶段或高增长期的企业关系不大，在这些企业中，创新型企业家可以探索到新方法和新途径，而与现实世界和通常"不完美"的市场无关——这与传统经济学家理论中理想化的"完美市场"大相径庭。

为了进一步警示高增长企业，让我们简单考虑一下季节性折扣或季节性销售的现象。季节性折扣或季节性销售，实际上会损害那些已付全价的客户的利益，同时也鼓励人们等待折扣活动，这样一来便会破坏企业获得成功的希望。对于初创企业和中小企业而言，这不是可持续发展之道。

那"理性市场"呢？首席执行官在绝望中屈服，降低价格以提升竞争力，这种情况往往取决于一种潜在的信念，即什么可以改变，什么不可以改变；什么是固定的、结构性的，什么是可能的——所有这些通常表明某种认知偏差正在占据主导地位。

这种具有潜在破坏性的螺旋式上升，往往基于人们对理性世界的信仰——在这个世界里，人们和企业利用完美的信息做出合乎逻辑的决策，根本不存在错误和情绪化参与。有大量证据表明，这样的世界实际上并不存在——这对一些企业家来说是不幸的，但对另一些企业家来说却是幸运的，原因我们稍后便会了解到——非理性是重要商机的来源。

销售额位于损益表的顶部——我们可以利用损益表最后几行的利润相关项"解决"销售额问题

有时，人们也会认为，只要完成交易，即实现了销售目标，任何赢利问题都可以在之后的损益表中加以解决。在这种情况下，目标是降低成本，从而收获可观的利润。这种观点是错误的，因为它假设成本可以被主动管理或改变，但事实上往往不能，而且一家企业如果专注于业务发展，降低成本所需的努力将被不断建立销售渠道所需的努力所取代。对于大型企业而言，有证据表明管理者花在降低成本上的时间比花在其他任何事情上的时间都多。

愈发严重的恶性循环和死亡螺旋

一家企业如果在预算中制定低廉的价格，很可能会出现销售利润不足的情况。这意味着企业将缺乏资金进行再投资，无法更好地开展业务。企业的价值主张将受到影响，其在客户心中的价值和竞争力也将下降。这将导致进一步降价，如果不采取任何改变措施，整个过程将加速，甚至最终导致破产。

企业非常容易陷入这种螺旋式下降的陷阱。许多企业在采取行动时，并没有充分认识到这些行动产生的后果将越来越严重。在这种特殊情况下，决策会导致并强化进一步的决策，从而使企业走上一条不归路，而企业却并没有充分了解踏上这条路的后果。这种行为导致的极端情况有时被称为"死亡螺旋"，即企业针对不利情况做出反应，做出一系列决策，而这些决策最终导致情况变得更糟，并导致更加严重的螺旋式失败。

举一个简单的例子，一家企业将价格保持在非常低的水平，因此无法赢利再投资于客户支持和服务，这反过来又意味着他们无法吸引或留住客户，然后客户最终会流失到其他地方。为了应对这一情况并达成更多交易，该企业进一步降低价格，加剧了这种恶性循环，最终不可避免地走向破产。

3. 价格在一段时间前就已制定，没有时常审查

第三个常见的企业不提高价格的原因在某种程度上是上述原因的混合体。人们有时认为价格无关紧要，是固定不变

的。在这种情况下，考虑定价的重要性和频率对于成长中的企业而言并不恰当，也很危险。

在某些情况下，人们可能会认为审查和制定价格是企业中其他人的责任。实际上，可能所有人都没有承担起这个责任。

或许有人审查价格，但频率是每年一次，或每当开始一个新产品周期时才进行一次（可能隔了三四年）。此后，企业就不再主动检查和审查定价点或制定价格的背景。

因此，人们往往觉得价格是固定不变的，是我们必须接受的，忽略了这是一个创造价值的机会。

在以上所有情况中，如果不采用智能定价法，那么企业失去创造价值和提高自身地位的机会还算较为轻微的影响，而最坏的情况则是妨碍企业的未来发展。

什么是认知偏差

我提到过，其中一些假设属于认知偏差，但究竟什么是认知偏差呢？简而言之，这是一种导致错误决策的信念或感觉。形成认知偏差可能是因为我们都背负着情感包袱，或许是因为我们过于不谙世事、缺乏经验，其根源甚至可能埋藏在人类的进化史中，是为了促使我们快速做出决定。尽管认知偏差对我们的行为产生了巨大影响，但我们却常常忽视认知偏差。

认知偏差的案例

当人们选择符合自己认知信息来源、数据并与自己持有相似观点的朋友来印证自己的想法时，就会出现认知偏差。这意味着他们的选择只可能强化自己的观点，很少或根本没有机会对这些想法进行基于证据的逻辑性审查。例如，在某领域出现了一个令人不安的趋势，越来越多的人倾向于使用网络媒体来支持自己的观点，从而导致公开辩论退化、观点更加两极分化、人们的思想更加封闭。这通常也被称为"回声室效应"。

锚定效应是一种重要的偏差类型，常常被用于商务谈判中，其中第一个公开的报价奠定了之后交谈的基础。之所以称之为"锚定"，是因为起始值一旦确定，就很难移动或改变，就像船锚一样。这意味着第一条信息极其重要。

举个例子，想象一个经典的讨价还价场景：去一个没有价格标签的市场里买一块地毯。你问地毯多少钱，卖家给你一个数字，这就是起始值——锚点。之后你们讨价还价，有来有回，最终达成交易或放弃交易。在日常生活中，百货商店里消费品上的价格标签或展厅里的二手车都是锚定效应的典型案例。还有一个案例值得注意，咖啡店会利用价位影响决策。

现成偏误是指我们过度依赖手头的任何信息进行决策，而不是寻找一组具有统计指导意义的数据来支持决策。举例来说，媒体报道的飞机事故或抢劫事件会导致我们做出这样的判断：此类事件比实际情况要普遍得多。

以上三种偏差在商业决策中都很常见，尤其是在实际改变价格的可能性以及实际价格的制定方面。

大多数高增长企业都会制定高价

了解高定价对于成功的作用至关重要。有大量证据表明，大多数高增长企业对其产品或服务的定价并不低，反而很高。这点不足为奇，因为我们已经讨论过了价格对于赢利的重要性，而利润又推动了现金流的产生，进而促进了业务的稳定性以及对员工、产品和流程的再投资，以实现增长。

来看一些高增长企业的案例。

天真果汁公司（Innocent Drinks）

2000—2007 年，天真果汁公司的销售额增长了 27 900%。

天真果汁公司由 3 名剑桥大学毕业生于 1998 年创立。他们一开始销售冰沙，而后企业迅速发展起来。天真果汁公司独特的销售主张（也可以说是竞争优势）在于，他们制作冰沙是将整个水果压碎制作，而不是使用浓缩果汁制作——尽管浓缩果汁备受现有市场引领者的青睐。

该企业经历了一个飞速发展的时期，产品需求量很大。

从图 2-1 中可以看出这一点。

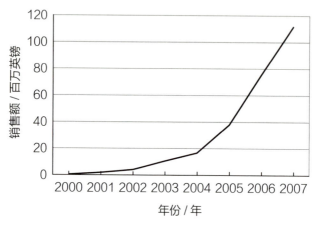

图 2-1　2000—2007 年天真果汁公司的销售额

　　凭借以健康和可持续发展为主题的强势宣传，天真果汁公司以高于其他冰沙和果汁品牌的价格销售冰沙。

　　天真果汁公司迅速成为英国发展最快的食品企业，销售额在短短 4 年内从 0 增至 1000 多万英镑。毫无疑问，这一成就得益于其明显高于竞争对手和其他成熟产品的价格。这使得企业收获了可观的毛利，也让企业得以进行再投资，从而帮助企业实现可观的增长。

　　天真果汁公司的设计师设计了一款容量为 250 毫升的瓶子，250 毫升规格的天真果汁与其主要冰沙竞争对手 330 毫升规格的商品以相同的价格出售。这表明，天真果汁单位容量的价格比其冰沙竞争者高出了 32%。然而，与其他果汁相比：

"其每毫升冰沙的价格可能是每毫升纯果乐（Tropicana）橙汁的 5 倍。"

正如天真果汁公司的一位创始人所说：

"现在回过头来看，或许是我们的定价帮助了企业发展，这种高价位发出了一个信号——我们的饮料与众不同。"

显然，溢价模式不仅存在，而且溢价定价甚至可以助力企业取得巨大的成功。尽管天真果汁公司后来被可口可乐公司收购，由此导致的变化使得与其之前的情况进行比较变得更加困难，但这种溢价定价依然存在（见图 2-2）。

或许确有其事，又或出于其他利益驱动，有媒体就天真果汁公司的定价进行了报道：

"天真果汁公司过去曾因其溢价定价遭受抨击。"

值得注意的是，客户显然认可天真果汁公司产品的巨大价值，并且没有被价格劝退——其惊人的销售额增长可以印证这一点。

苹果公司

2000—2019 年，苹果公司的销售额增长了 3159%（见图 2-3）。苹果公司的品牌、设计和声誉是其溢价定价的有力支撑，同时也能激励客户继续购买苹果系列产品。

一条普普通通的苹果手机电源线，其零售价可能是安卓手机制造商同类产品价格的 400%。虽然很难对两者进行直接

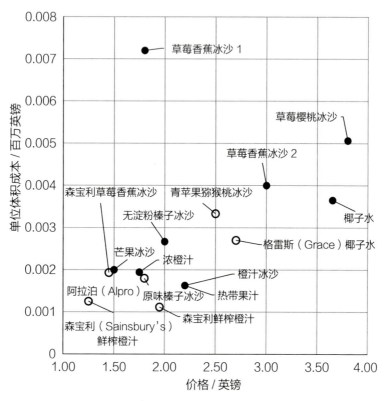

图 2-2　天真果汁公司产品与竞争对手的对比

注：天真果汁公司的产品用实心圆圈表示。产品的位置越高或越靠右表明其定价越高。

比较，但这一对比可以更直观地说明该企业的定价理念。

　　苹果公司善于说服客户，让客户相信自己的产品值得客户为之付出额外的代价，据说该公司的银行存款高达 2500 亿美元，是第一家市值（股票总价值）超过 20 000 亿美元的美

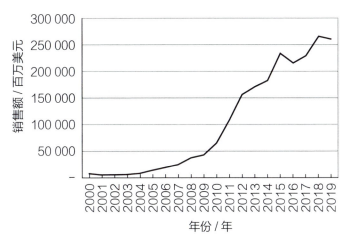

图 2-3　2000—2019 年苹果公司的销售额

国上市公司。这归功于其提高价格带来的利润。

亚马逊

在过去 20 余年中，亚马逊也发展迅速。它通过网站以
B2C（企业对消费者）的方式销售产品，同时还拥有亚马逊网
络服务公司，这是最大的 B2B（企业对企业）虚拟主机供应商
之一。1995—2019 年，亚马逊的销售额增长了 28 049 900 亿
美元，年均增长率高达 69%（见图 2-4）。

亚马逊会主动根据市场价格为一系列产品定价。总体而
言，据分析显示，尽管亚马逊最初只是一家折扣图书销售商，
但其定价比主要竞争对手高出 10%—15%。这种溢价定价可
能恰恰帮助亚马逊获得了利润，亚马逊将这些赢利再投资，用

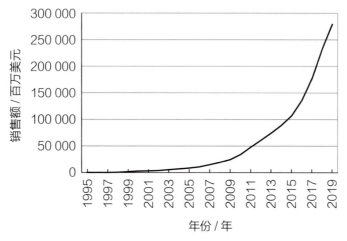

图 2-4　1995—2019 年亚马逊的销售额

于发展基于公平价格、出色的交付和服务的价值主张。客户常说，他们在亚马逊消费是出于效率和便利，而不是因为找不到更便宜的替代品。

脸书（Facebook）

脸书［现更名为元宇宙（Meta）］的销售额在 2009—2018 年增长了 7000% 以上，年均增长率为 61%。脸书实际上是一家 B2B 企业，因为其客户是广告商（相对于其用户而言，用户是广告的目标消费者）。脸书利用自身的市场地位和数据来吸引高价广告。

虽然在广告价格之间进行直接比较有些困难，但其利润率是溢价定价模式的有力证据。如图 2-5 所示，脸书在 2016—

2018 年的净利润率很高，还在不断增长。很少有企业能够拥有如此高的利润率，尤其是规模如此庞大的企业。这有力地证明了溢价定价推动了脸书的增长。

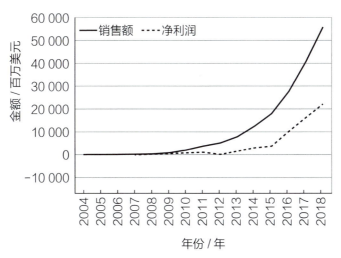

图 2-5　2004—2018 年脸书的销售额和净利润

乐购（TESCO）

截至撰写本文时，乐购是英国排名第一的超市，按总收入计算，乐购是全球第三大超市。1998—2019 年，乐购的销售额增长了 288%（见图 2-6）。

《杂货商》（*The Grocer*）杂志最近的一项研究表明，该公司的平均售价比其后的竞争对手高出 13%。在这个行业中，产品低价被视为成功的关键因素，然而尽管乐购的价格较高，

图 2-6　1998—2019 年乐购的销售额

仍有数百万客户青睐乐购。买家们的目光显然已超越了低成本文化，并发现了乐购的其他价值。

低成本文化

　　当然，在某些情况下，低价销售也是一种成功的战略。然而，这些战略几乎无一例外都建立在基本的甚至是结构性的成本优势之上，从而获得巨大的利润空间。

　　这方面最好的例子就是新技术的出现，与现有的解决方案相比，新技术具有根本性的优势。例如，与活塞发动机相比，使用喷气发动机所耗费的每英里❶成本均摊到每位乘客身上，要比使用活塞发动机耗费的少得多，因而喷气发动机取代了活塞发动机，用于长途航空旅行；廉价的天然气在很大程度上取代了昂贵的石油，用于建筑物取暖；电灯取代了煤气灯；T型车取代了马，诸如此类。

如果不具备这些优势，企业家通常会牺牲一部分利益，通过制定低价来赢取生意。许多企业愿意"吃这种苦"，因为他们相信（或者说是希望）这种磨难只是短期的。这样的企业只能艰难度日。另一种看法是，企业没有建立可持续的竞争优势或令人信服的价值主张。

这样的企业很难扩大规模、发展壮大。实际上，那些具备成本优势的企业家表示，为了参与竞争，他们愿意比竞争对手赚更少的钱，并且愿意更精简。这听起来似乎很合理，但别忘了企业还需要赚取可观的利润以重新投资于产品开发、技术、服务和员工福利，这些我们将在后面的章节中探讨。

我们还会在后文探讨一个有趣的问题：你是愿意拥有一家价值1亿英镑、赢利100万英镑的企业，还是一家价值1000万英镑、赢利100万英镑的企业？前者的利润率为1%，后者的利润率为10%。利润率为10%的企业可能不会那么精

---

❶　1英里 ≈ 1.61千米。——编者注

简，财务上也不会那么严格，利润会随着销售额的增长而更快地增长。

如何判断定价是否过低

你可以问自己一些问题，判断自己是否定价过低，在制定和确定价格时是否过于保守了：

- 你觉得自己的企业是否有足够的现金来满足增长需求？
- 你的利润是否高于竞争对手，尤其是毛利率？
- 你是否与竞争对手在特点、优势和价格方面进行了直接的比较？
- 你是否相信自己制定的价格能够帮助自己实现销售目标？
- 你是否能够招聘到足够的高素质员工，依靠他们实现理想中的经营流程？
- 与同行业的其他企业相比，你在投资和员工福利方面是否更加慷慨？
- 你的信息技术和基础设施是否与时俱进、资源充足？
- 你是否经常审查定价，哪怕是上个月刚定的价格？
- 你是否了解客户对贵公司价值主张的理解以及客户心中对贵公司与竞争对手的比较？

- 你是否了解在客户心目中，他们认为你的定价在市场
  中偏低还是偏高?

如果你对上述大多数问题的回答都是"否"，那么在你的企业中很有可能存在定价过低的问题。

利用一次性经济学检查商业模式

利用一次性经济学可以帮助我们判断定价是否过低，也可以分析赢利能力。

针对特定业务的单一案例模型是一次性经济学的一种形式。例如，在针对单个客户的单一案例模型中，除去提供产品或服务所花费的成本，你能赚多少钱?

如果提供服务的成本高于所获收入（部分由价格决定），那么你的价值主张就是亏本的，终会失败。

这种分析方法与许多企业的做法形成了鲜明对比（在创新企业中尤为常见），后者会将赢利能力分析汇总到五年增长预测中。

这种预测可以显示销售额、成本和预测利润，却无法让你真正理解其背后的经济学原理。这是因为现金核算制度下相关销售额和成本的时间没有正确匹配。换句话说，如果损益表中记录了某一时期的销售额，但与销售额直接相关的成本直到

下一时期才得到确认（或支付），那么第一时期的利润率就会被夸大，呈现出颇具迷惑性的高水平。成本实际上可能高于销售额，因此从根本上说，这项提议可能会导致亏损，但不匹配的损益预测可能是正值。

当前有许多企业都采用了这种一次性经济学，只有当损益表中显示增长时他们才能取得成功。一旦生意陷入困境，或者经济不景气，这些企业通常会迅速倒闭。

因此，五年预测可能具有欺骗性，因为尽管企业不具备基本的积极商业模式，但其前景可能看起来非常乐观。一次性经济学能够防止企业走上这条歧途。企业还可以借此考虑当前的情况以及未来某个时刻解决方案成熟或规模经济发挥作用时的情况。

到目前为止，我们已经探讨了定价过低的危险以及企业定价过低的一些原因。接下来，我们将回顾一些基本的定价理论，然后阐明价格对于企业成功的重要性。

本章小结

- 定价过低会毁掉企业，这是导致许多大小企业消失或停滞不前的主要因素。
- 企业通常不愿意审查定价。了解销售交易中的关键利益有助于改变这种观点。

- 有证据表明，成功的高增长企业会采取溢价定价策略。
- 溢价定价策略可以帮助企业进行再投资，以建立可持续的市场地位。
- 由于对自己的价值主张缺乏信心，或害怕失去销售额和无法承担管理费用，企业会将价格降至最低。
- 在认知偏差的影响下，企业更难做出扩大规模、再投资和发展的决定。

需要考虑的问题

定价过低	认知偏差	利益
如果你怀疑自己定价过低，不妨想想，自己为什么会这样做？ 例如：缺乏信心、担心无法达成销售目标、价格不可改变等	你会受到哪些认知偏差的影响？ 例如：确认偏差、锚定偏差、现成偏误	你的买家是为了谁的利益行事？这些利益是什么？

本章练习

代表了谁的利益？

PART 3

第三章

价格的巨大影响力

企业常常认为必须"降低"价格，甚至将价格降至最低，以便为客户提供可接受的价值，并建立市场竞争力。因此，对于初创企业的所有者和大型企业的管理者而言，提高价格往往会导致巨大的负罪感。

这种负罪感是错误的，都是认知偏差惹的祸。提高价格不应该引起自责的情绪，而应被视为创造高回报率、提升企业产品和增加客户价值的机会。

价格与价值之间的关系尤其容易被误解。显然，客户价值越高，价格也应该越高，但价格本身就是价值驱动因素这一事实却经常被忽视。然而现实令人大跌眼镜，客户乐意并且往往希望支付更高的价格，在后面你会了解到这一点。在这种情况下，价格本身就是价值驱动因素的观点为企业提供了一个机会（但企业可能不会意识到），并且有助于抵消一些管理上的偏差。

那么，企业为什么要努力维持低价呢？让我们回顾一下：这通常是由于企业对价值主张缺乏信心，担心没有足够的销售额和吞吐量来满足管理费用和固定成本的需求，同时没有积极重新审视价格。

第一个理由表明企业对其产品或服务心存疑虑。第二个理由假设了一种简单化的需求价格弹性，即降低价格会增加销售交易的数量以及提升部分客户消费的意愿。这两个理由中都存在着很大的问题，我们将在适当的时候探讨它们背后隐含的错误推理（以及没有常常重新审查价格的问题），更重要的是，我们将研究潜在的解决方案。

认识到这些真相是企业迈向智能定价法和实现未来增长的关键一步。举例来说，我们可以看看近年来的主要成功案例。初创企业、高增长企业、互联网"独角兽"——相对于竞争对手，几乎所有这些企业都采用了溢价定价模式，只有极少数是低价的行业领导者。事实上，较高的价格更有可能让企业每年都实现增长，并且不需要大量的外部投资。

大型企业也会犯同样的错误

不止小型企业会犯定价过低的错误，成熟的大型企业也会如此，尤其是在市场价格数据透明的情况下。换言之，竞争对手的价格很容易被拿来比较，这会助长破坏性的价格战。

在过去几年间，有几家备受瞩目的企业倒闭了，其中就包括托马斯·库克旅行社（Thomas Cook）。该旅行社于 2019

年停止营业，2.1 万名员工和 60 万名滞留客户陷入困境。

在旅行社营业的最后一年，其税后亏损达到了 1.63 亿英镑。暂且假定利润是衡量企业成功与否的良好指标，我们不禁想问，价格上涨多少才能让托马斯·库克旅行社在最后一年实现收支平衡？答案是，平均交易额（或价格）增长 1.7% 就能达到目标。

鉴于 1.7% 并不是什么艰难的任务，那么我们是否有理由认为董事会和高管们找不到办法来实现如此微小的上调呢？我认为不太可能。事实上，大型企业和董事会并不会常常重新审视定价的作用，认为只需偶尔审查定价即可。很少有人意识到定价能够帮助企业发展，更别谈对价格进行积极的管理、审查和控制了。董事和高管常常将定价工作委派给中层管理人员，尽管这项工作的影响和潜力巨大，理应成为企业工作的重中之重。

英国百货商店 BHS 为我们提供了进一步的例证。该公司进入破产管理（或行政管理）程序，无法继续经营，1.1 万个工作岗位岌岌可危，养老基金赤字高达 5.71 亿英镑。在其 2013 年的年度账目中，毛利润亏损了 88.7 万英镑。在这种情况下，怎样的增长才能实现收支平衡？

答案是，平均交易额（或价格）只需上涨 0.13%，就能让 BHS 实现毛利润的收支平衡。

2014 年，也就是 BHS 正常营业的最后一年，情况变得更糟了，但即便如此，只要实现 0.84% 的涨幅，也足够帮他们渡过难关了。

当然，大型企业很复杂，他们的核算制度也很复杂，但我并不是说所有企业的失败都与其定价有关。管理和权责发生制原则可以如实反映企业的运营状况，反过来又会影响利润水平；缺乏创新、价值主张不佳、高额的债务利息支出和现金流问题，也都可能是影响因素。

尽管如此，问题仍然存在：这些企业的董事们是否意识到了价格对其生意的影响，并且是否投入了足够的时间来研究价格问题？此外，他们是否积极利用了有关定价的最新见解来确保企业的成功甚至后续发展？

转移定价

相比之下，大型企业在定价方面显然十分积极，甚至因此声名狼藉——他们采用了转移定价的手段。转移定价是一种机制，跨国公司可根据适用的法律决定在哪个司法管辖区纳税，从而决定缴纳多少税款。

这一过程背后蕴含的原理是，跨国公司可以通过不同国家的姊妹公司转移产品，并确定每家企业向其他企业收取的价格（转移价格）。如此一来，每家企业在每个地区报告的利润率都会受到内部转移定价的影响，企业可以制定内部转移定价以实现某些税收目标。

许多人（包括大众媒体在内）对转移定价持有非常负面的看法，这也许不难理解。

追求销售额

许多高增长企业的创建者、管理者和所有者都很注重销售额。他们清楚，提升销售数量可以提高整体收入。从本质上说，他们相信销售额的增长能促进企业的发展。

然而，这种理念往往是错误的，或者无关紧要的。赢利能力和现金流，而不是销售额，通常更有助于企业的生存和发展，并最终影响企业的估值。因此，我习惯性地向企业高管提出以下问题：

你更希望加入哪家企业？

A：一家拥有 1 亿英镑销售额、100 万英镑利润的企业。

B：一家拥有 1000 万英镑销售额、100 万英镑利润的企业。

扪心自问，你更愿意拥有哪家企业？或者，你更愿意管理哪家企业？这个问题非常好，它能让我们深入了解企业家和管理者的"灵魂"。让我们再比较一下这两家企业（见表 3-1）：

表 3-1　两家企业对比

企业	A	B
销售额	1 亿英镑	1000 万英镑
利润	100 万英镑	100 万英镑
利润率	1%	10%

A 和 B 两家企业的利润相同。A 企业的销售额是 B 企业的 10 倍。在所有条件相同的情况下，毫无疑问，A 企业在员工、基础设施、有形资产等方面要大得多，同时其复杂性和风险可能也大得多。相比之下，B 企业可能规模较小，复杂程度较低，风险也较小。

不过，还有另一种考虑风险的方法，那就是考虑利润率。我认为，与 B 企业 10% 的利润率相比，A 企业 1% 的利润率对经济冲击和竞争压力造成的干扰要敏感得多。

也就是说，事情并不总是那么简单。有些企业家可能希望为大量销售人员提供工作机会，这可能会引导他们选择 A 企业；同样，一些管理者可能希望拥有在自己的控制之下的庞大帝国，或者有值得夸耀的"顶线"销售额，这又会使 A 企业成为更具吸引力的选择。答案本身没有对错之分。归根结底，要看管理者个人认为什么是重要的，什么能引起他们的兴趣。

曾在 2020 年与我合作的一家高增长企业表示：

你之前问我们"一家拥有 1 亿英镑销售额、100 万英镑利润的企业和一家拥有 1000 万英镑销售额、100 万英镑利润的企业，怎么选？"，这个问题对我们的工作方法产生了深远的影响，并促使我们改变了业务重点。我们的目标不再是追求收入增长，而是为企业，特别是为我们辛勤工作的团队创造丰厚的利润……

很有趣的评价。我与净利润率为 1% 的企业和净利润率为 10% 的企业都有过合作，我可以明确地说，后者通常要好得多。他们的员工往往更快乐、更健康；他们有更好的福利，例如休假和培训；他们拥有更宽松的环境和更进步的文化；他们更有创造力、更有成就感；他们通常拥有薪酬更高的员工，工作效率也更高。

首席执行官和创始人对于员工的关心程度常常给我留下深刻的印象。许多人将员工视为家人。溢价定价法激励了这种情绪，也创造了更好的工作环境。

同样，交易活跃的企业通常是根据税后利润数据（有时是根据现金流）进行估值的。他们很少使用销售额进行估值。之所以需要利润，是因为企业需要收回成本，收回成本是可持续发展的关键。

当然，在许多方面，企业管理者过度关注销售额再平常不过了。不难理解为什么会出现这种趋势。销售额相对容易衡量，但衡量和分配成本的复杂性使得利润难以计算；销售额数字基本上都可以通过交易记录或银行账户即时获得，而利润数据通常会延迟，有时甚至会延迟数月。许多大型企业还有更糟糕的行为，即近乎疯狂地关注市场份额，将市场份额的增减视为头等大事——这种高度竞争的观点进一步拉大了企业与利润和客户价值创造之间的距离。

但归根结底，企业需要通过利润来支持运营、产生现金流、进行再投资和发展。如果无法赢利，销售额再高也没有什么意义，因为这只会让企业迅速陷入困境并倒闭——这一点我们将在后文讨论。

本章小结

- 企业通常认为应该尽量降低价格，以培养竞争力。
- 企业通常只会偶尔考虑一下重新审查定价。
- 对于许多倒闭的知名企业而言，只要能稍稍提高平均交易额就能实现利润收支平衡。
- 无论企业的规模多大，定价过低都是一个代价高昂的错误。
- 问题"你更希望加入哪家企业"非常适用于诊断企业领导者的优先事项。

合理定价巧赢利

需要考虑的问题

深入思考
你更希望加入哪家企业？为什么？
A：一家拥有 1 亿英镑销售额、100 万英镑利润的企业。
B：一家拥有 1000 万英镑销售额、100 万英镑利润的企业。

潜力
你认为与你打交道的哪些企业（或品牌）具有增长潜力？价格在其中起到了什么作用？

PART 4

第四章

定价入门

价格及其设定是经典 4P 营销理论的基本策略之一。然而，设定价格并非易事。无论是从企业运营层面还是战略层面上看，定价工作都需要了解企业的内部环境、遍布竞争对手的高度复杂的外部环境、客户对于价值的看法以及消费的决策过程。

因此，我们很有必要了解一下传统的基本定价理论，借此理解一些关于定价的先入为主的观念从何而来。如前所述，这些微观经济理论大多是在多年前针对当时的大型企业和"大生意"提出的，目的是让企业管理者们更多了解市场和所面临的挑战，但当年的企业面临的挑战与如今高增长企业所面临的挑战完全不同。

价格弹性

需求价格弹性是经济理论中的一个原则。它指出，随着产品的价格发生变化，市场对于该产品的需求也会发生变化。根据供需原则可知，价格越低，需求量就越大，反之亦然。

换言之，价格越低，购买的人就越多；价格越高，购买的人就越少。这种说法的正确程度取决于需求曲线的倾斜角度，而且通常受制于具体的市场特征。我们可以测量这条线的倾斜角度，即需求的价格弹性。在以下图表中，你可以看到不同的倾斜角度示例。

高弹性需求

如图 4-1 所示，需求价格弹性较高的市场意味着如果价格发生变化，需求量的变化相对要大得多。这意味着市场对于价格的变化高度敏感。

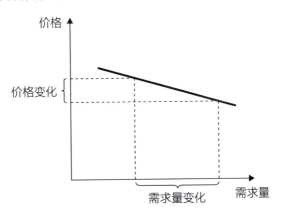

图 4-1　需求价格弹性较高时的曲线图

低弹性需求

需求价格弹性较小的市场意味着由同样的价格变化导致

的需求量变化要小得多。图 4-2 中斜线的倾斜程度与图 4-1 中的有所不同。

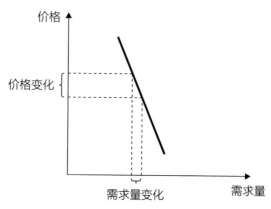

图 4-2　需求价格弹性较低时的曲线图

无弹性需求

在这种情况下，市场需求对价格的敏感度为零（或称无弹性），这意味着无论价位高低，需求量都保持不变。价格可升可降，而需求保持不变（见图 4-3）。这种情况似乎有些极端，产品或服务的差异化很大、不会被视为"替代品"，或者需求因其他原因而固定不变，这种情况的确存在。

有一个经典的例子：一个旅人被困在沙漠中，快要渴死了，这时有人要卖给他一瓶水。这时水到底卖多少钱并不重要，因为这个旅人不想渴死，他愿意支付任何价格，只要他能够承受。

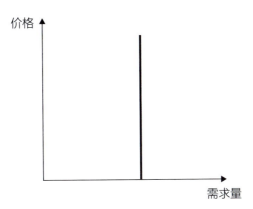

图 4-3　零价格弹性（无弹性）时的需求曲线

假设市场参与者都是理性的

价格弹性等观点往往假定市场是理性的，也就是说要制定理性（或符合经济逻辑）的决策，而且可以从市场中获取信息，从而帮助企业做出有效的决策。然而，我认为这些假设通常不适合我们的目标读者——高增长企业（这些企业倾向于寻找新的机遇或是通过新的创业视角审视机遇）。

同样，这些经济理论中有许多是基于 20 世纪 30 年代的"大型企业"管理理论，该理论是为了解释巨大的商品市场（例如粮食和钢铁生产）中的行为而提出的。当今高增长企业的产品和服务很难进行同类比较。这是因为他们的创新水平很高，或者差异化很大，因此很难进行比较。单凭这一点，价格

弹性理论就不适用于他们。甚至更糟，价格弹性可能会误导企业对其产品或服务的定价方式。

　　高增长企业有时会产生这种错误的想法——认为保持低价更有可能做成生意，达成销售目标。更重要的是，他们忽略了一个问题："企业需要哪类客户？"企业想要的是那些更注重价格的客户，还是那些追求产品的独特性并愿意为此支付更多费用的客户？

产品生命周期和定价

　　产品生命周期也是一个经典的营销理论。一般来说，新的产品或产品类别都要经历生命周期的各个阶段，包括 4 个不同的阶段——引入期、成长期、成熟期和衰退期（见图 4-4）。

　　在引入期，新产品（或服务）面世。销售额起初很低，随后开始增长。由于销售额较低，利润将为负值——销售额不足以收回成本。对于企业而言，这一阶段在生命周期中或许是最关键的，因为在这个阶段，客户必须和他们的价值主张相匹配。

　　图 4-4 展示了产品生命周期。

　　在引入期寻找早期采用者通常是重中之重，因为这类客户更乐于尝试新鲜事物，他们的参与有助于企业在后期阶段建

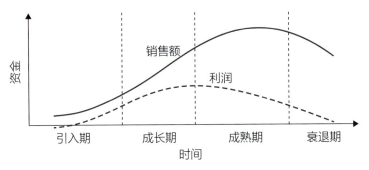

图 4-4　产品生命周期

立通往更大规模市场的"滩头堡"。

在成长期，销售额强劲增长，产品开始赢利，然后利润也随着销售额的增长而强劲增长。

在成熟期，利润开始趋于稳定，而后开始下降。这通常是由竞争对手进入以及由此带来的定价压力和服务市场成本的增加（如促销成本增加）造成的。随后，销售额也开始趋于平稳。这表明，产品可能已进入其生命周期的后期阶段，增长乏力（要么为零，或略有负增长）。这可能是因为市场已达到其最大潜力。

在衰退期，销售额下降，利润也下降到收支平衡甚至亏损的水平。该产品类别明显来到了衰退期，这可能是由于引入了新的平行产品类别，新的产品类别最终将取代该产品类别。可以想象，随着新产品和改良产品的出现，各个产品生命周期会相继出现。

从价格角度来看，新产品大致有两种进入策略：撇脂定价法和渗透定价法。在撇脂定价法中，维持高价是为了向目标受众（例如早期采用者）提供少量但利润高的产品。相比之下，渗透定价法旨在制定一个较低的价格，以便开拓范围更大的潜在市场（市场渗透率更高）。

撇脂定价法往往适用于以下情况：产品差异化程度高（或个性化突出）、市场需求较高、价格对市场的影响较小、产品难以复制、需要快速的投资回报。渗透定价法则与之相反。通常，许多产品类别一开始价格较高（撇脂定价法），但随后价格下降（渗透定价法），产品普遍流行起来——部分电子产品就是一个很好的例子。

价格与性能

在购买产品或服务时，一个最基本的观念就是价格越高，性能越好。换言之，如果有人想要质量更高或功能更强大的产品或服务，他们就必须支付更高的价格。劳斯莱斯汽车比福特汽车贵，协和式飞机比塞斯纳飞机贵，诸如此类。部分原因是我们倾向于认为更高质量的产品生产成本更高，理应收取更高的价格。此外，性能更高的产品会给我们带来更多价值，因此我们为其支付更高的价格也很公平。这些通常都是基本假设。

因此，价格越高，性能也就越高。如果你想要更高的性能，就得支付更高的价格。这种基本关系如图 4-5 所示。

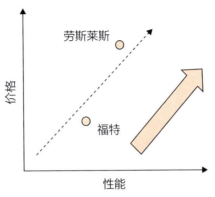

图 4-5　价格与性能成正比

但是，如果性能更高并不会导致交付成本改变，会出现什么情况？例如，乘客在乘坐长途航班时从经济舱座位被换到了商务舱的空座上。由此产生的额外成本是多少？等于零或近乎零。这一行为不会改变燃料成本，也不会改变员工成本，而且飞机上的餐食都准备好了，要么发给乘客，要么丢掉。

还有一个例子：在现有的服务计划中增加一个高级卫星或流媒体视频频道怎么样？供应商为此付出的额外成本几乎为零。除了在客服中心按下按钮打开频道所需的少量人工成本外，接收信号所需的额外运营成本为零。

同样，一件名牌服装和一件中档服装的成本相差多少？如果撕去品牌标签，服装通常都是按照相同的款式、在相同的工厂、由相同的人使用相同的机器、用相同的面料制成的。除非面料或设计十分出众，否则服装成本基本相同。

一旦开始提出这类问题，你很快就会发现有许多例子可以表明，无论提供服务的成本是否相应提高了，企业都会提高价格。在本章的学习过程中请牢记这一点。

多价位战略

思考如何为产品设定多个价位也很重要。有许多产品类别都设定了多个价位。这些价位与产品的具体性能相匹配，即产品性能越高，价格就越高。

图 4-6 举例说明了这一基本关系，该图展示了各个服装

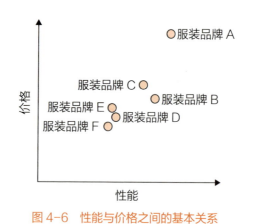

图 4-6　性能与价格之间的基本关系

品牌竞品以不同价位销售的男士西服系列产品。可以看出，性能较好或高档的品牌价格较高，可能暗示其质量较高，而不太高档、质量一般的品牌价位较低。

可以看出价位按预期的大致线性方式向上分布，在本例中，价格曲线的倾斜角度约为45度（由于选择产品有限，倾斜角度可以更大）。

直觉再次告诉我们，这种总体分布一定是正确的。在过往的消费经验中，我们习惯于在自己负担得起的东西和没有理由为之支付额外费用的东西之间进行权衡。我们相信自己是理性的决策者，相信自己追求的是"物有所值"。我们寻觅"甜蜜点"，相信在"甜蜜点"上会找到满足自己需求的最佳解决方案。或者有些人说，他们购买的产品或服务"感觉合适""感觉不错"，直到他们可以轻松负担得起这些。他们越是有钱，这个点就越高。

除了包装和品牌，产品是相同的

然而，你是否会惊讶地发现，图4-6中的产品往往本质上是相同的？它们的用材完全相同。

这并不奇怪。许多类别的竞品可以在散点图中进行比较，如图4-6所示。它们的价格各不相同，但就其功能成分而言，或者说就其制造工艺而言，本质上是完全相同的。在这种情况下，唯一不同的是包装和品牌。

化妆品、止痛药、洗衣机、洗涤剂等都是很好的例子，这种例子不胜枚举。每一类竞争产品在功能上的唯一区别，就是它们通过包装、实物设计和品牌宣传所展示的方式。有时，它们的销售方式也有区别。从这类产品的有效成分来看，它们在功能上其实是完全相同的，通常由相同的工人在同一家工厂制造。

这就意味着，如图 4-7 所示，尽管许多产品看似性能不同，价位各异，但本质上差异很小。

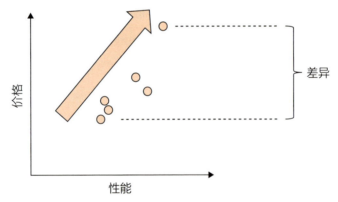

图 4-7　尽管价格不同，但产品本质上相同

感知性能可能是一件非常主观的事情。这就是问题所在。如果在实验室分析环境中很难确定性能差异，那么情感内容等更加随意的因素就会发挥作用，而品牌信息和包装则可以充分利用这些因素。

水

还有一个绝佳的例子——水。

如果你看到一瓶售价 1 英镑的水和一瓶售价 4 英镑的水，产品规格近似，那它们之间有什么区别？二者的主要成分是什么？是水。每个水分子由 1 个氧原子与 2 个氢原子组成。无论如何，水分子都是相同的。然而，你可以比较一下不同品牌的矿泉水，会发现它们之间的价格差距竟然超过了 600%（见图 4-8）。

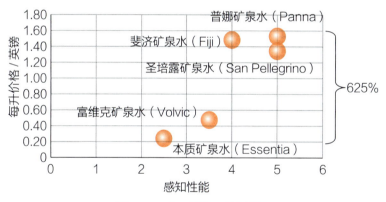

图 4-8 水：价格和感知性能

同样，这些竞争产品之间的唯一实质性区别，在于包装设计和品牌推广的实际呈现。水分子都是相同的。对于消费者而言，它们都用于补给水分，功能相同。

这个简单的道理对许多奢侈品也适用。它们往往是由同样的工人在同样的工厂用同样的材料制造出来的。"高级设计师"服装品牌也是一个很好的例子：下次再看到高档服装，不妨问问自己，这和普通的衣服究竟有什么本质区别。受广告中的隐含信息影响，人们可能会认为高档服装的材料质量更高，制造技术更高超。然而，有什么证据可以证明两者之间真的有区别？实际情况是，除了设计师品牌标签之外，它们通常是相同的。

如上所述，感知性能（图 4-8 中的横轴）是一个主观的东西，除非你能实际度量这个标准。因此我在以下图表中没有试图估算感知性能，而是对上一个图表稍作修改，希望你仍能明白其中的意思。

洗衣粉

洗衣粉制造商投入了大量的广告时间和金钱，让你相信自己的品牌与同类产品不同，性能水平有很大的提升。然而，你只要看一下成分表，就会发现它们即使不完全相同，也大致相似。对此，一个简单的合理性检验或思想实验就是：如果某品牌在过去 20 年的广告中所说的"全新改良"都是真的，那么为什么过了 20 年（产品显然应该出现巨大飞跃），那些洗衣粉基本上还是老样子？

在图 4-9 中，每个点都代表了同一零售商出售的洗衣粉产品，横轴表示超市货架上洗衣粉的不同价位（英镑），纵轴表示每单位货量的价格（英镑 / 千克）。我们可以看到，在所有的价位上，每千克洗衣粉的成本存在很大差异。因此，人们为本质相同的东西支付的价格差距很大。

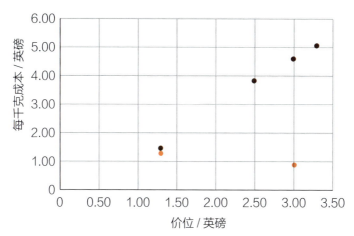

图 4-9　洗衣粉：每千克产品成本和价位的差异

同样，许多制造商都公布了"每次洗涤成本"数据，这样我们就更容易进行比较了。请记住，这些洗涤产品的作用都是相同的。每次洗涤的价格范围为 0.15 英镑至 0.44 英镑，差异高达 2.9 倍。

食盐

食盐也是一个很好的例子，这是一种生活必需品，不同种类的食盐售价却大相径庭。食盐的主要成分是氯化钠，化学式为 NaCl。同样，我们可以看到，不同食盐产品的价格存在差异（见图 4–10）。每个点代表了同一零售商出售的一包食盐。横轴依旧表示商店货架上食盐产品的不同价位（英镑）。然而，在纵轴上，你可以看到每千克食盐的销售价格相差很大。

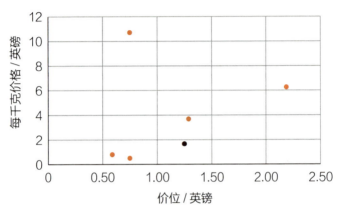

图 4-10　食盐：每千克产品价格和价位的差异

薯片

很多人喜欢吃薯片。为了在比较中采用更多款产品，图 4-11 和之前的产品价位图有些不同：横轴表示 100 多款薯片产品的包装规格或质量（以克为单位），纵轴表示该产品的单位质量价格。可以说，由于调味料的品质等原因，薯片产品之间存在的差异更大，而每单位质量薯片的价格差异接近 4 倍。

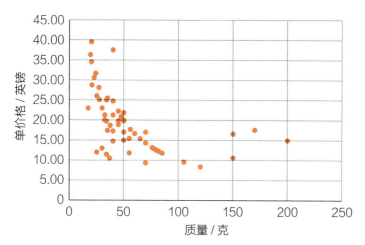

图 4-11 薯片: 各种包装规格的每千克价格

对乙酰氨基酚止痛药

图 4-12 是 500 毫克规格对乙酰氨基酚止痛药的定价散点图。在所有情况下,对乙酰氨基酚止痛药都是按照相同的医疗标准生产的,标准规格为每片 500 毫克。因此,除了包装、药片形状或颜色以及品牌名称外,它们的成分完全相同。这些对乙酰氨基酚止痛药甚至在同一家商店里并排销售,但价格更高的产品显然更受欢迎——当然了,由于定价更高,这些商家有能力支付更高昂的广告费。

可以看到,图 4-12 中的横轴是货架价格,即包装产品的价格,而纵轴显示的是每 500 毫克药片的价格。在这里,同样是 500 毫克的对乙酰氨基酚止痛药,售价差距却接近 4 倍。

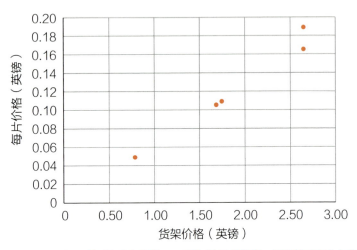

图 4-12　对乙酰氨基酚止痛药：不同包装及价位的对乙酰氨基酚止痛
药每片价格

但它们除了包装和品牌，产品是相同的。

以上所有例子都表明了这一事实，也许我们并不会感到惊讶。我们从一出生就被广告和企业信息所包围，被没头没脑地灌输品牌的价值。

这些例子凸显了产品（或服务）形象和品牌塑造方式的作用和重要性。问题归根结底在于形成差异化和了解什么能为客户创造价值。

这就引出了一个显而易见的问题：如何才能改善包装和品牌，同时为客户增值？如果我们把图表中售价较高的产品看作"价值阶梯"，那么你可以采取什么措施来提升自己的"价值阶梯"，获取愿意出价更高的客户？我们将在本书后面的部分讨论如何实现这种积极的转变。

此类问题和分析鼓励人们培养以客户为中心的良性思维，因为要回答这些问题，你需要设身处地地为客户着想。这项工作的价值在于它有助于培养对客户的同理心，帮助你了解如何提升客户的生活品质。希望正在阅读本书的读者读后都能学会正确地向客户收取费用。

行为经济学之父丹尼尔·卡尼曼（Daniel Kahneman）在其开创性著作《思考，快与慢》（*Thinking, Fast and Slow*）中解释了我们大脑中驱动决策的许多机制以及决策是如何制定的。我们将在后文讨论这部著作。

到目前为止，我们已经看到了本质上相同的产品如何在一个品类中占据不同的价位，现在我们要考虑一些更具战略性的定价要素。

✏ 练习：制作自己的定价散点图

为自己的产品或服务制作一张定价散点图，这是一项非常有价值的工作。之所以有价值，是因为它能让你从顶层角度了解自己的产品在性能和价格方面的定位。

这项工作会让你思考竞争（或互补）产品的相对优势以及它们之间的权衡。与客户合作，了解他们对定位图的看法通常也很有趣——有时，客户对产品性能的看法可能与你的看法大相径庭。

进行练习：

（1）列出所有竞争对手的名单，收集他们的价位情报。

（2）考虑竞争产品的感知性能和相对优势问题。

（3）接下来，填写以下两张图表，填写一个或两个都行（如果产品或服务的销售单位数量不同，可以填写第二个图表）。

a. 价格与感知性能

绘制你的每款产品（或服务）及其竞争产品（或服务）的位置图（绘制模板见图4-13）。纵轴表示市场上的不同价格。由于横轴表示的是相对性能水平，产品的位置越靠近右侧，其性价比就越高。

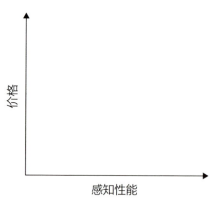

图4-13 价格–感知性能图模板

b. 单位价格与感知性能

如果你的产品或服务以不同的单位数量销售（包括

通过小时费率等指标提供的服务），也可以绘制下图（见图 4-14）。同样，产品的位置越靠近右侧，其性价比就越高。

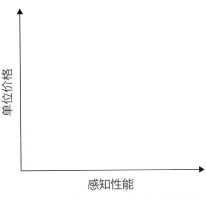

图 4-14　单位价格－感知性能图模板

（4）现在看一下相对价位。它们能说明什么？与市场对质量的有效评估一致吗？有什么意外或异常现象吗？

（5）如果一家企业有多个价位的产品，例如同一产品有多个版本，请观察它们之间的相对位置。它们是否聚集在某些价位附近？这是否意味着存在占据不同的价位的机遇，以便纵向向上或向下移动，或横向向左或向右移动？市场会如何看待这些机遇？

（6）你的产品是否处于看似不合逻辑的价位？是否可以制定新的、更好的价位？

（7）最后，重新审视感知值的问题：这些感知值的衡量标准基于哪些因素？有没有办法以有利于企业的方式影响或改变这些因素？

  指导：如前文所述，这项工作的作用不容小觑，可以通过各种方式加以运用。一个常见的问题是如何收集数据：竞争对手的价位信息可能是已知的，也可以通过研究获得——案头研究，如网上搜索价目表，或通过神秘顾客调查法——指聘用研究人员模拟潜在客户，去购买竞争对手的产品或服务，以收集整个过程中的各类情报。计算感知性能可以通过比较功能和优势来实现，但同样，一些研究对于揭示客户对各种产品的相对感知也很有帮助。

企业的市场游戏

  我们在前面已经看到，不同的企业会以多个价位销售本质上完全相同的产品。

  他们还以不同的价格销售用于不同目的的相同产品。例如，销售肥皂的企业发现，如果销售的是洗脸皂而不是洗手皂，尽管肥皂的有效成分完全相同，他们也可以制定更高的价格。

  在一起法律案件中，止痛药布洛芬品牌（Nurofen）因以双倍价格销售不同用途的相同产品而遭到起诉，随后被澳大利亚法院处以 600 万澳元的罚款。澳大利亚联邦法院裁定，该品牌的止背痛药、止经期痛药、止偏头痛药和止压力型头痛药产品存在虚假宣传，因为这些产品的有效成分相同，但价格却是标其他布洛芬药品的两倍。

一般来说，人们愿意为具有特定用途的产品支付比通用产品更高的价格。专用型产品意味着其价值更高，因此价格也应该更高。看看药店货架上的感冒药，许多产品上都有附加的性能说明，例如有助于睡眠或抗过敏——不过看看成分就能知道，除了一些食用色素和包装上的信息存在差异外，它们往往本质相同。

例如，奈拓（Nytol）是一款助眠药物，其有效成分是盐酸苯海拉明。西斯特甘（Histergan）是一款治疗花粉症和过敏症的药物，但其有效成分同样是盐酸苯海拉明。还有一款抗组胺药膏，可以舒缓皮肤因过敏或蚊虫叮咬而产生的反应——你猜怎样，它的有效成分也是盐酸苯海拉明。在所有这些情况下，药品的作用可能与说明书上描述的完全一致，但它们是针对特定目的而包装和定价的。

如果产品真的更好会怎么样

如果你询问商家，他们的产品有什么优势，总能得到一些有趣的答案。询问他们的定价策略也是如此。令人惊讶的是，他们往往会声称自己推出的新品，其功能和性能远超所有竞争对手的，售价却比竞争对手的低 30%。

这种"更优质"和"更便宜"的双重目标很难持续。如果存在根本性和结构性原因，新产品确实可以比其他产品更便宜，有时也可能出现这种情况。例如，如果一家企业研发出了一项新技术，使其能够以现有竞争对手的一小部分制造成本生产出优质产品，而且这种优势是永久性的，即该企业拥有无懈可击的商业机密或强大的知识产权保护，无法被复制。如果情况并非如此（几乎总是如此），那么他们的技术优势要么最终会被市场复制，要么会被市场忽视。

毕竟，如果新产品与竞争对手相比的确享有很大的优势，并且这些优势是客户真正关注的，那他们为什么不收取比竞争对手更高的价格呢？

你的产品可以是最便宜的，也可以是最优质的，但不可能二者兼顾

如上文所述，在通常情况下，这些高增长企业所宣称的产品优越性和低价格在财务上是不可行的，其中至少存在两个根本性原因。

1. 混淆竞争对手的成本与价格

如果企业进行了一些分析，定价主张通常以当前市场价格（即竞争对手的售价）为基准。然而，这完全没有考虑竞争对手的成本是多少。例如，如果竞争对手的售价是 100 英镑，那么他们的毛利率可能是 80%，而可变成本实际上只有 20 英镑。这就意味着，如果以缩减 30% 的价格（如 70 英镑）进入市场，等同于现有的竞争对手可以轻松地与 70 英镑的价格较量，甚至更糟糕的是，把价格降到 20 英镑（他们的盈亏平衡点），直到新的竞争对手破产为止，之后他们就可以恢复正常价格了。

这是一种竞争反应形式，市场中的现有竞争者通过这种方式来抵御进入其领域的新威胁。这种竞争反应非常强大，因为成熟的市场领导者占有最多的市场份额，这意味着他们往往是销量最高的卖家，而销售额带来了更高的规模经济效益，从而形成了成本优势。因此，他们总能在价格或成本战中获胜。大型企业可能会忽视正在对自己构成威胁的小企业，但这并不是稳健的发展战略。

2. 忽视健康的利润率为未来增长提供动力的必要性

在上述情况下，即使企业能够以 70 英镑的价格销售产品，而没有强烈的竞争反应，他们也不可能拥有健康的利润率。初

创企业和规模较小的企业通常没有形成规模经济，因此其单位成本高于成熟企业。如果不能获得丰厚的利润，那么企业将长期处于资金短缺状态，无法在研发、员工培训和招聘等方面进行再投资，而这些正是小型高增长企业蓬勃发展所需要的。从银行或股权投资者那里筹集投资可以暂缓清算，但除非利润率提高，否则这仍然是一个长期问题。

迈克尔·波特的竞争优势

迈克尔·波特（Michael Porter）在自己的书中展示了企业如何通过实现可持续竞争优势来超越竞争对手。他提出了几种战略，包括成本领先战略、差异化领先战略以及专一化战略（或称专注细分市场战略）。

我们可以简要说明这一点（见图 4-15）。从图 4-15 中可以看出销售价格与赢利可能性之间存在的关系。因此，为了取得成功（为了赢利，为了给员工支付薪水，也为了对客户未来的产品改进进行再投资），企业要采取低价销售或高价销售的战略。而夹在中间的不上不下的定价战略，很难赢利，而且很可能导致企业破产。很多新兴公司在不知不觉中就让自己陷入了这种境地。

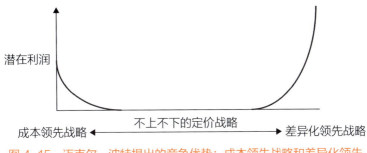

图 4-15　迈克尔·波特提出的竞争优势：成本领先战略和差异化领先战略都能取得成功，但不上不下的定价战略就会导致问题

接下来我们将对定价战略做进一步说明。

1. 成本领先战略

成本领先战略（或低成本领先战略）是指企业及其产品设计的一切都着眼于成本最小化和规模经济最大化。

这可能是由于企业拥有独特的知识或技术（通常受到某种法律框架的保护），从而在生产成本上持续领先于竞争对手。

更常见的情况是，企业在任何事情上都致力于做到效率最高、成本最低。这可能意味着尽可能向供应商支付更少的钱，在租金、费率、员工工资和其他成本上花费更少的钱。除非企业能够精于此道，否则这样做很难长期生存，更别提蓬勃发展了。如果希望这项战略长期有效，就必须近乎疯狂地降低成本。近年来流行的食品和服装折扣零售商就采用了这种方法——他们专注于高成本效益的物流供应链和高成本效益的零售环境。在易贝（eBay）等第三方平台上打折销售的航空公司

和贸易商也是如此。

疯狂地追求成本最小化有时是成本领先战略成功的核心，宜家（IKEA）就是个好例子。宜家的一位经理讲述了下面这个故事：宜家的姊妹财务集团的集团负责人计划飞往英国访问位于诺丁汉的区域办事处，办事处的工作人员主动安排出租车去机场接他。这样一位高层人物的时间当然非常宝贵，但是，他坚持从机场乘坐公共汽车，而不是花钱乘坐出租车。这位高层人士的省钱行为至少给我们提供了两点启示：第一，这种节省开支的行为如果做得好，就会让人充满激情，并渗透到所有行为中；第二，利用各种机会向员工宣传这种理念、唤醒这种激情是非常重要的，不容错过。

2. 差异化领先战略

相比之下，差异化领先战略是指产品或服务的设计既要对客户有价值，又要与竞争对手的产品或服务不同，最好在某些方面完全胜过竞争对手。在这种情况下，产品或服务的价格不会低于市场价，而是会高于市场价。这是一个"绝佳的位置"，因为利润率很高，企业之间的竞争是基于为客户创造价值，而不是价格。

3. 不上不下的定价战略

图4-15中的纵轴很有意思——潜在利润。潜在利润意味

着将利润和风险有效结合，或者说是一个实现利润的可能性。我们可以看到，采用成本领先战略或差异化领先战略，都能帮助企业获得同行业平均水平以上的利润。然而，采用成本领先战略能产生的最大利润要低于差异化领先战略。换句话说，采用差异化领先战略更有可能获得更高的利润。苹果公司2500亿美元的现金存量或现金盈余，就是成为差异化市场领导者、拥有更高价格和更高赢利能力的一个很好的例子，也是差异化领先战略成功的证明。

然而，如前文所述，那些既不是低价销售，也不是高价销售，处于二者之间的企业进退维谷。他们没有为客户的生活带来足够的价值，因此不足以成为差异化领导者；他们的定价也不够低，因此无法成为成本领导者。因此，他们既要制定低价（这需要较低的营业成本），又要提供更好的产品（这需要较高的营业成本）。成功实现这一目标的概率很低，企业失败的可能性则更高。因此，不上不下的定价战略往往会为企业带来灾难。

不能为客户的生活增加足够的价值，意味着企业的客户价值主张不够有吸引力。从根本上说，他们所提供的价值没有得到客户的认可。造成这种情况的原因可能包括对有效开发产品、了解客户需求以及向客户有效传达这一主张的过程（再）投资不足。

现在，让我们简要谈谈一些制定价格的不同方法。

一些实用的定价法

我最常被问的一个问题就是"如何定价"。制定价格可能是一项艰巨的任务，尤其是因为要面对不确定性（通常是由于缺乏可靠、准确的数据）和成功获得新的销售额以实现增长的强烈愿望所带来的情绪方面的影响。制定价格的理念或方法有很多，下面先展开讲最常见的三个。

成本加成定价法

成本加成定价法是最古老、最广为人知的定价方法之一。在成本加成定价法中，先计算产品的生产成本（或零售时的供应成本），然后进行加价。这种方法起源于工业革命时期。工业革命主要是一场将机械化应用于制造产品的生产技术革命。也许正因如此，这种方法一直深受生产商和制造商欢迎。

制造流程的管理通常比较复杂，成功的运营管理高度依赖细节，在制造环境中管理大量的劳动力则是一项持续的挑战。这些环境中通常充斥着许多紧急的问题，即需要解决一系列时间紧迫的问题和事务，从而占用了高级管理人员的时间。面对如此复杂的情况，制造商很容易变得过度专注自身，只关注成本，而没有把目光投向客户。在考虑市场机制并密切关注不断变化的客户需求时，寻找带宽或资源有时是一项挑战，这有时是一个挑战，可能需要不同的思维方式。

有些企业仅因为成本加成定价法操作方便就采用它，并不意味着这就是最好的定价方法。

实际上，成本加成定价法中也存在许多问题，因为它假定成本可以准确地被衡量，且不会随意改变，此外，它还忽略了要为客户创造多少价值。

竞争导向定价法（或现行价格定价法）

采用这种方法，企业产品的价格要么与竞争对手的价格相匹配，要么与竞争对手处于某种对应的位置。这种方法很容易在价格——感知性能散点图上体现出来，与本章前面用的散点图类似，价位的设定可以参考类似的竞争产品（或服务）。性能越高，价格越高；性能越低，价格越低。

价值基础定价法

价值基础定价法更加复杂，通过计算能为客户创造多少价值来确定价格，然后供应商从价值中选取合理的部分作为价格。价值基础定价法尤其适用于创新产品，因为创新产品在此之前没有既定的价位。由此延伸，将创新产品引入成熟市场，既可以提高客户价值，又可以实现溢价定价。

其他定价法

撇脂定价法

撇脂定价法采用高价，通常用于新推出的创新产品。早期采用者或对成本不敏感的客户会以高价购买产品，但销量通常较低。之后，一旦市场建立起来，企业可能会转而使用渗透定价法，以带动销量和增加市场份额。

渗透定价法

渗透定价法通常在企业采用一段时间的撇脂定价法之后采用，利用低价迅速获得市场份额或提高市场渗透率。这种方法假定需求具有价格弹性，这对于规模庞大、人口众多的市场来说是可行的。

认知价值定价法

认知价值定价法指采用较高的价格来塑造产品或服务高品质或高性能的形象。许多高端品牌和奢侈品采用的都是这种方法。

定期打折法

定期打折法通常与特别活动或节日有关，通过临时降价吸引顾客尝试新产品或购买其他产品。然而，打折过于频繁将使消费者养成习惯，等待打折时再购买。

市场歧视定价法

同样的产品在不同的市场上以不同的价格出售，这通常要么反映了与竞争对手不同的市场价格，要么反映了这些市场上不同的客户期望。你在国外旅游时看到的一些产品的价格，远远高于或低于在国内市场看到的价格，这就是其中一个原因。

协商定价法与拍卖定价法

协商定价法是指卖家和买家通过讨价还价来制定价格。拍卖定价法是指一个卖家和许多买家之间进行竞价。而在反向拍卖中，则存在许多卖家和一个买家，潜在卖方持续喊出更低的价格。

亏本销售定价法

以低价出售无利可图的产品，从而吸引消费者购买其他利润更高的产品。超市经常这样打广告，通过这种方式招徕客人，客人进店后便会受到购买环境中的众多诱惑。亏本销售定价法通常是商店的撒手锏。客人进店时只打算买一件东西，出店时却总是满载而归。

诱饵定价法

诱饵定价法是指对一系列产品中最基本的型号设定低价，并计划向客户推销该系列中更高档的产品，从而让客户为更高价格的产品买单。

捆绑定价法

将几种互补品捆绑在一起，统一定价出售。往往捆绑销售的产品不会单独出售。有时两个产品捆绑在一起，单个产品的价格会打折扣，但客人的总支出会增加。一款产品只以捆绑的形式出售时还会带来一个好处，就是让客户更难对多个竞争对手的产品（或服务）进行价格比较。

"物有所值"定价法

"物有所值"定价法要求客户自行决定自己将支付多少费用。这种方法有时效果很好，尤其是在客户真诚、慷慨，而且对产品或服务有感情的情况下。

峰时定价法

峰时定价法即在市场需求最大时涨价。比如旅行高峰期的火车票价格以及航班爆满时的飞机票价格。

应对暂时中断

在新冠疫情❶期间，世界各地的许多政府部门都采取了专门措施，帮助企业度过疫情造成的混乱。英国发布了一系列减税措施，包括暂时降低企业必须缴纳的增值税（或统一营业税）。英国增值税的征收方式是，所有销售额超过 8.5 万英镑的企业需要在其所有销售额上加收 20% 的增值税。B2B（企业对企业）企业通常可以通过自己的客户收回自己已支付的增值税，但对于 B2C（企业对消费者）企业来说，消费者支付了全价——20% 的增值税费用包含在他们支付的费用中。

由于新冠疫情尤其影响了那些依赖面对面沟通的 B2C 企业（如餐馆和咖啡馆），英国政府对酒店业实行了 5% 的增值税减收税率（后来提高至 12.5%，作为将税率恢复至 20% 的跳板）。因此，企业当时无须缴纳 20% 的税，只需缴纳 5% 的税。实施的方法有两种：企业可以将价格降低 15%，将节省的成本转赠给客户，如果需求弹性成立，则可以创造更多销售额；或者企业可以保持价格稳定，将利润率提高 15%——这将有效地将自身的净销售价格提高 15%。

企业是怎么应对变化的呢？是降价争取更多的业务、还

---

❶ 2022 年 12 月 16 日，国家卫健委发布公告：将新型冠状病毒肺炎更名为新型冠状病毒感染。——编者注

是坦然接受 15% 的实际提价?

有大量证据表明,大多数企业选择保持原来的定价,并将多出的 15% 利润据为己有。但是从某种意义上来说,他们放弃了降价 15% 的机会,而这不会产生任何成本,因为增值税是在他们的基础价格之上计算的。考虑到对他们来说没有成本,新的"基本情况"是价格比原来降低了 15%,然后他们选择立即将价格提高 15%,回到原来的价格。

这种有趣的选择在某种程度上肯定与价值的框架效应以及采用不对称战略时参照点的正负值有关。这可能是由于企业知道政府削减增值税的措施只是暂时的。然而,有时人们会将参照点的损失视为比同等幅度的收益更痛苦、更大的损失。这种认知偏差被称为"损失规避",也可以在一定程度上解释企业的这种特殊选择。

我们能从传统定价法中得出什么结论

传统定价法很可能无法提供高增长企业成功所需的洞察力。我们对于定价的直觉或基本理解,是基于自己作为消费者的经验——我们可能没有意识到,我们的决策和判断是如何被企业操纵的,或者是基于 20 世纪 30 年代为发展缓慢的市场中的大型企业设计的管理理论。

我们发现，功能完全相同的产品，售价却大相径庭，有时甚至相差 4 倍以上。

我们还发现，产品或服务通常不可能既是最便宜的，又是最优质的，向这个方向努力只能碰一鼻子灰。因此，追求增长的企业家要想取得成功，就必须采用一种新的定价方法：智能定价法。我们将在后文介绍智能定价法。

本章小结

- 传统定价法假定价格具有弹性，市场是高效的，市场参与者是理性的、消息灵通的。
- 有时，在日常销售中，同等产品的价格相差高达 4 倍以上。
- 大多数市场显然是不完善的。
- 以上 3 条，在采用各种技术的多价位情况下尤其如此。
- 一般来说，你可以提供最便宜的产品或服务，也可以提供最好的产品或服务，但不可能二者兼顾。
- 传统的定价和市场理论并不能帮助企业走向成功。

需要考虑的问题

产品生命周期 你的产品处于产品生命周期的哪个阶段？这对价格和竞争压力有何影响？	**定价散点图** 你的产品在竞争产品中处于什么位置？你能否看到还有持续发展潜力的利基市场？	**用成本领先战略还是差异化领先战略** 你的企业属于前者还是后者？还是在二者之间进退两难？（如果是这样，如何纠正这个问题？）
		定价方法 你使用的是哪种定价方法？ 这是最有效的方法吗？如果是的话，说出你的理由

本章练习

制作自己的定价散点图。

PART 5

第五章

为什么价格对于增长至关重要

什么是增长

如果你正在阅读本书，那么你很可能会对"增长"这个话题感兴趣，无论增幅多大。那么，我们不妨花几分钟探讨一下这个问题：什么是"增长"，如何实现"增长"？

要实现业务增长，通常需要提高收入。收入提高通常也会带动利润增长。你也可以通过降低成本来提高利润，但在整个产业链中，降低成本是有下限的，因此通过增加收入可以实现更多增长。

举个例子：简（Jane）打算开个柠檬水摊，卖柠檬水（见图5-1）。

简的收入可以通过将每笔销售交易的价值乘以交易次数来计算。为了提高销售额，简可以提高每杯柠檬水的价格，提高典型客户交易中售出柠檬水的数量，提高光顾柠檬水摊的客户数量，或者提高客户购买柠檬水的频率。

稍微正式一点，收入可以简单地表示为：

收入 =（A）每笔交易的价值 ×（B）交易次数

图 5-1　简和她的柠檬水摊

其中（A），每笔交易的价值又可以表示为：

（A）每笔交易的价值 =（ⅰ）价格 ×（ⅱ）单位数量

（B）交易数量，可进一步表示为：

（B）交易数量 =（ⅲ）客户数量 ×（ⅳ）每位客户的交易次数

因此，对于一家典型的企业来说，想要提高收入，可以采取以下措施：

- 对于变量（ⅰ），即交易中每单位支付的价格，需要想办法提高平均单价。例如，简可以把价格从 0.5 美元抬到更高，如 0.75 美元。

- 对于变量（ii），即交易中售出的单位数量，则需要增加售出的单位数量，方法可以是连带销售——让客户在"购物车"中放入更多的单位产品或追加销售——增加购买单位的数量。套用到简的情况中，她可以以 1 美元的价格售卖超大杯柠檬水，或以 0.25 美元的价格售卖其他配套产品，比如小饼干。

- 对于变量（iii），即与企业互动的客户数量，企业可以通过开展活动来增加（这通常是业务发展的重点）。简可以尝试在当地投放一些广告牌，或在当地电台做宣传报道。

- 对于变量（iv），即每位客户的交易次数，可以提高每位顾客的购买频率。简可以推出忠诚度奖励计划，吸引客人再次光顾，或者询问客人什么时候再次光顾。

因此，从本质上讲，企业想要发展，就必须通过以下方式提高每笔交易的价值（A）：

（1）提高每单位产品支付的价格。

（2）提高每笔交易的销售数量。

通过以下方式增加交易数量（B）：

（1）增加购买客户数量。

（2）增加每位客户的交易次数。

我们要深入研究第一个问题，即最重要的价格。

此前，我们已经探究了定价和企业成功的一些背景知识，探讨了为什么利润是再投资的关键以及定价的重要性。那么，我们要提出一个关键问题：为什么价格对于增长而言至关重要？

为什么价格如此重要

要回答这个问题，我们先来看一个简单的例子。

每家企业能赚多少钱

设想有两家企业，A 企业和 B 企业。A 企业的单价比 B 企业低，A 企业的单价是 100 英镑，而 B 企业的单价是 130 英镑。也许是由于定价较低，A 企业的销售转化率较高，60% 的销售转化为销售额，而 B 企业只有 40%。

总结如表 5-1 所示：

表 5-1　两家企业的销售转化率对比

A 企业	B 企业
定价 100 英镑	定价 130 英镑
60% 的销售转化率	40% 的销售转化率
利润为多少？	利润为多少？

那么，哪家企业赢利更多，比另一家的赢利大概多出多少？

是的，这个比较并不公平。赢利多少取决于成本结构和毛利率以及许多其他可能做出的假设。尽管如此，我们还是试图根据所有变量的平均值和合理假设来推测答案。

答案会出乎很多人的意料（见表 5-2）：

表 5-2　两家企业的利润对比

A 企业	B 企业
定价 100 英镑	定价 130 英镑
60% 的销售转化率	40% 的销售转化率
利润为 400 英镑	利润为 800 英镑

A 企业的利润为 400 英镑，B 企业的利润为 800 英镑。尽管 B 企业的转换率较低，但他们不仅赢利更多，利润还是 A 企业的两倍（对此感兴趣的读者可以查看附录 A 中的简明损益表）。

这一点为什么很重要？当然重要，因为企业发展的首要资源就是现金。而我们可以将利润视为现金的简单替代物（或近似物）。因此，赢利越多，产生的现金就越多，而现金可以用于企业的再投资。

通常，我们认为增长要么是增加客户数量，要么是增加每位客户的交易次数，要么是增加每笔交易的平均单位次数。然而，还有一个增长来源在很大程度上被忽视了：那就是提价机会。提高价格不仅能增加收入，还能改变企业创造利润从而进行再投资的能力。

不要只听一面之词

前面我们举了一个非常简单的例子，即 A 企业和 B 企业不同的定价策略，来阐述定价对利润的影响（以及由此对现金的影响）。不管这个例子有多简单，也不用只听我的说法，因为有大量研究能证明这一结论。

以下研究选取自《哈佛商业评论》，也阐明了这个结论。《哈佛商业评论》的一份报告调查了来自许多不同行业的 2400 家企业，并提出了以下问题：

如果价格、可变成本、销量或固定成本提高 1%，对利润的平均效应是什么？

以上每个因素每增加 1%，营业利润就会增加。

《哈佛商业评论》的研究表明，到目前为止，价格是增加利润的最大"杠杆"（见图 5-2，纵轴表示单个因素每变化1%，利润变化的值）。

研究表明，在这 2400 家企业中，平均而言，价格每上涨1%，营业利润就会增长 11.10%。相比之下，可变成本降低 1%，营业利润就能提高 7.80%——可变成本是指与提供产品或服务直接相关的成本，如在供应过程中使用直接劳动力或在制造过程中

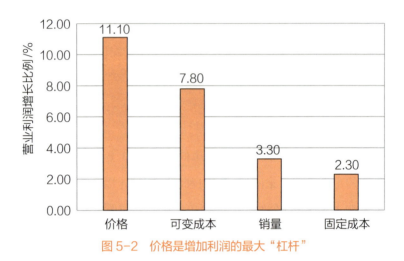

图 5-2　价格是增加利润的最大"杠杆"

使用材料所产生的成本。销量增加 1%，营业利润仅增加 3.30%。降低固定成本能带来的价值更低，降低 1% 的固定成本，营业利润仅能提高 2.30%——管理费用和办公室成本都属于固定成本。

　　我们可以从《哈佛商业评论》的这项研究中获得两点重要的启示。第一，价格是目前对利润影响最大的因素。正如我们所说，这是增加利润的最大"杠杆"。利润反过来又会产生现金。企业的发展需要现金来满足运营资金和企业运营再投资的需求，同时也是为了确保尽可能高的回报率。因此，增长计划应以价格为核心。第二，当人们被问及在企业发展中最关心什么，他们通常会说"提高销售额"。在图 5-2 中，销售额被标注为"销量"，销量每增加 1%，营业利润只增加了 3.30%。因此，与价格的相同增长相比，销售额的百分比增长做出的贡献不到三分之一。简而言之，提高价格能带来的"效益"几乎是提高销售额所带来的"效益"的 4 倍。

这项研究展现了定价的作用是如何被低估的。追求增长的人通常会考虑增加销售额，也就是提高业绩。也许他们忽略了价格在增长中的重要作用。毕竟，你是愿意增加销售额，还是愿意增加利润？你更希望在利润不变的情况下使当前的销售额增加一倍，还是希望将目前的利润增加一倍，无论实现这一目标需要增加多少销售额？

《哈佛商业评论》的研究显示了 2400 家企业的平均水平，因此不妨考虑具体企业的财务结构——价格杠杆的作用可能比上述平均数字还要大。

同样，麦肯锡也发表了一些研究报告，强调了定价对于分销企业的影响。麦肯锡对 130 家全球公开上市的分销商进行了调查，估计如果价格上涨 1%，EBITDA 利润（未计利息、税项、折旧及摊销时的利润，有时被用作现金流的代表）就会增长 22%，股价也会上涨 25%。

相比之下，麦肯锡指出：

……2018 年，一家普通的分销商必须在保持运营费用持平的情况下实现 5.9% 的销量增长，才能与价格上涨 1% 达到相同的效果——这可不是一件小事，尤其是在竞争激烈、增长往往以牺牲赢利能力为代价的成熟市场。这家分销商必须降低

7.5% 的固定成本……（假定损益结构相似），才能实现同等的 EBITDA 利润的提升。

我们对各行业中的 200 多家分销商客户进行了调查，调查表明，在客户对分销商的期望中，定价排在第六位。价格是达成关键价值商品交易的最重要因素，这些产品在销售额中排前 20%，约占单个客户购买量的 80%。但大多数顾客对购物车中的许多其他商品的价格敏感度要低得多。这正是分销商提高利润的最大机会……

麦肯锡的研究表明，价格在改变分销商的赢利能力和股价方面的潜力巨大。但该研究同时也表明，价格在该行业客户选择的标准中仅排在第六位，有其他因素比价格更为重要（见图 5-3）。

该分析还做出了一些关于如何做出改变以增加利润的提示——客户对于 80% 的产品（贡献了 20% 的价值）的价格敏感度要低得多。

该研究不仅强调了定价对于提高 EBITDA 利润的重要性，还对整个产品系列进行了深入分析，发现客户并不会以同样挑剔的眼光审视所有产品。能够发现这种区别的企业往往会迎来新的机遇。

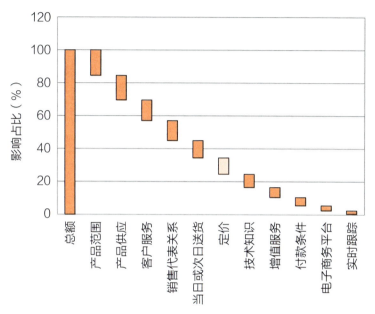

图 5-3　客户心目中的 B2B 分销商因素排名

折扣的真实成本

《哈佛商业评论》的研究表明，在 2400 家企业中，价格平均每提高 1%，营业利润就会提高 11.1%。

反之呢？如果销售人员为了"完成销售目标"而给予客户价格折扣，会出现什么情况？这会对利润产生什么影响，销售额需要增加多少才能抵消打折带来的影响？

我们可以重新创建一个损益表（或收益报表），采用《哈佛商业评论》中 2400 家企业的平均动态，然后推演以下两种方案：提供5%的定价折扣和20%的定价折扣。结果如图5-4所示（完整版见附录B）。这会对利润产生什么影响，需要增加多少销售额才能抵消折扣带来的影响？答案并不明显。

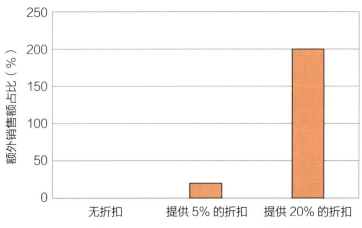

图5-4 为挽回因折扣而损失的利润所需的额外销售额

就"平均损益"而言，5%的价格折扣会导致毛利润减少4%，营业利润竟然会减少56%。要使营业利润恢复到原来的水平，销售额需要增加多少？是5%，还是10%？事实上，销售额需要增加20%，远高于5%。换句话说，即使5%的折扣能带来更多的生意，也需要多带来20%的生意才能实现"收支平衡"。

至于提供20%的折扣，情况就更糟了。20%的折扣会导致毛利润减少17%，营业利润暴跌222.2%。营业利润变成了极其危险的负值。要使利润恢复到以前的水平，销售额需要变为原来的3倍。这意味着，20%的折扣价必须带来3倍的销售额才能实现"收支平衡"（见表 5-3）。

我们不妨问问自己，首席执行官和销售主管是否充分认识到了即使是听起来力度不大的价格折扣，也会对企业的持续生存能力和再投资能力产生巨大的影响。

表 5-3　折扣与利润变化

	基本情况	提供 5% 的折扣	收回折扣		提供 20% 的折扣	收回折扣	
销售额	100	95	120%	114	80	300%	240
可变成本	70	70	120%	84	70	300%	210
毛利润	30	25		30	10		30
毛利率	30.0%	26.0%		26.0%	13.0%		13.0%
固定成本	21	21		21	21		21
营业利润	9	4		9	−11		9
更改后的基本情况		−55.6%		0.0%	−222.2%		0.0%

 练习

计算价格杠杆

计算价格对企业的杠杆作用是一项非常简单的工作。

你也可以在自己的企业中进行这项工作。

先从最近的损益表（或收益报表）开始。收益报表中会包含收入，然后扣除销售成本（或商品销售成本），从而得出毛利润。从毛利润中再扣除营业费用，得出营业利润。如表5-4所示。

表5-4　营业利润计算示例（1）

项目	示例
收入	100
减去销售成本	30
= 毛利润	70
减去营业费用	40
= 营业利润	30

请计算价格变动1%会产生什么结果。计算时，只需将收入数字乘0.01。得到因价格上涨而增加的收入，把这个数字称为A。由于没有增加销售单位，也就没有增加销售成本，因此A可以直接加毛利润，得出价格上涨1%后的新毛利润。同样，由于营业费用没有增加，A可以加现有的营业利润，得出新的营业利润B。详见表5-5。

表 5-5　营业利润计算示例（2）

项目	原始利润	新利润	利润增长
收入	100	A：100×0.01=1	
减去销售成本	30		
= 毛利润	70	70+1=71	
减去营业费用	60		
= 营业利润	10	B：10+1=11	C：（11/10）-1=10%

　　比较新的税前营业利润和原来的税前营业利润，就可以看出价格上涨 1% 会带来多大的变化。如果用新的营业利润除以原始营业利润，然后减去 1，再乘 100，就可以得出利润增长百分比 C。在上面的例子中，C 是 10%，也就是说，价格上涨 1%，营业利润增加 10%。

　　《哈佛商业评论》的研究表明，1000 多家企业的平均值约为 11%，但在你的企业中，这个数字可能更大或者更小。这项工作表明了为什么有时会说"只要出现价格上涨，就需要关注损益表的最后一行（净利润）"，也就是说，由于成本没有增加，任何价格上涨都会直接影响利润线。

　　你可以利用这些算式计算自己企业的利润增长百分比。表 5-6 供你填写。

表 5-6 练习例表

项目	原始利润	新利润	利润增长
收入		A:	
减去销售成本			
= 毛利润		可选择的	
减去营业费用			
= 营业利润		B:	C: 增长（％）=

指导：你可以使用企业当前的财务报表，也可以使用历史财务报表或预测财务报表完成这项工作。这么做主要是为了了解价格变化 1% 所带来的利润增长百分比是多少。你可以使用总收入数字 A，也可以使用单个产品的数据（只要你有该产品的成本损益表或收益报表）。两种方法都可以，因为价格与收入成正比——正如我们在本章开头的算式中所看到的。为了便于计算，可以从收入 A 转换为营业利润 B，忽略毛利润的变化。

资金再投资

对企业进行再投资的能力通常是由可用现金决定的。再投资的关键类型是那些预测并促进业务未来增长的类型。例如，改善客户体验、招聘更多员工、培训员工并使其掌握推动企业发展的必要技能、投资技术和新产品开发以及通过广告和销售获取新业务。因此，再投资对于增强企业能力、发展追求和拥有增长所需的能力而言至关重要。

什么是营运资金，它为什么很重要

也许你听说过这样一个发人深省的说法：使企业破产的最快方法就是使其销售额迅速增至原来的两倍或三倍。这种现象确实存在，而且不幸的是，企业每年都会因为增长而"破产"。出现这种情况的原因通常是企业出了营运资金需求问题。

营运资金是所有企业的命脉，至关重要。营运资金与企业的业务结构有关。发展中的企业必须为其不断增长的营运资金需求提供资金。

我们以一家产品制造工厂为例，来说明这一点。

制造企业通常的经营模式是拥有一家实体工厂，在那里组装或制造产品。对于制造商来说，营运资金举足轻重，因为它往往决定了企业投资制造产品与客户向公司支付该产品费用之间的时间间隔。

以这家制造商为例，工厂可以投资原材料、投资机械、投资员工，还可以利用所有这些资源制造成品，然后将成品储存在仓库中，仓储也有相关成本。在这个流程结束后，成品才能出售，并且在成功达成交易，并将货物交付给客户后，实际收到付款的时间可能会延迟。在 B2B 市场中，客户是另一家企业，制造商往往需要等待 30 天、60 天、90 天，甚至在某些情况下需要等待 180 天才能收到销售款项。

在这种情况下，企业在制造产品的各个环节中支付现金，然后从客户那里实际收到该产品的现金付款，这之间的时间间隔可能会非常长。这就是营运资金周期，企业本质上是将现金投资于库存，储存一段时间，供应给客户，然后再等待一段时间，通过工厂给客户的信用条件支付所有投资。

库存投资套牢了现金，直到客户付款时才能解套。如果企业规模因为销售额增加一倍而增加一倍，那么库存规模名义上也会增加一倍，这个营运资金周期占用的现金数量也会增加一倍。

从向客户售出产品到收到客户实际付款，付款周期可能长达 30 天、90 天，甚至 180 天，实际上是工厂向客户提供免费贷款。这种贷款的规模与年销售额成正比。因此，如果企业规模扩大一倍，向客户提供的贷款规模也会增加一倍。所以，如果企业规模扩大一倍，那么这些不同形式的营运资金所占用的现金量也会增加一倍。

因此，要让一家企业倒闭，使其销售额的增长速度快于企业为了满足其营运资金需求而筹集资金或现金的速度即可。模式是这样的：银行里的现金变为零，账户透支，然后企业无力支付账单，最终倒闭。这可能是一家高利润的企业，但如果银行没有钱支付账单，企业就会倒闭。

这就是为什么当企业发展过快或财务失控时，往往会因现金危机而破产，尽管这些企业貌似还在赢利，不应该陷入破产危机。

举一个与营运资金相反的例子：假设有一家在网上向消费者销售产品的 B2C 企业和一家拥有 B2B 供应链的企业。如果一家企业向消费者销售产品，通常消费者会通过信用卡或类似方式立即付款。因此，零售商通过信用卡支付机制很快就能收到全额现金付款，有时几分钟就能到账。在供应产品时，零售商需要使用其供应链。在某些情况下，零售商甚至可能没有该产品的库存，而是要求供应商直接将产品发送给消费者。然后，供应商必须等待 30 天或 60 天才能收到零售商的付款，但零售商能立即收到消费者的付款。

在这种情况下，我们看到的是一个积极的营运资金周期，即零售商在产品出厂前立即从消费者那里获得付款，同时也从供应链上的供应商那里获得"免费贷款"。如果零售商将销售额增加一倍，那么他们从供应商那里获得的"贷款"就会增加一倍，因此本质上存在一个现金正向模型，销售额增加得越多，企业的自筹资金就越多。

我们可以形象地将营运资金比作汽车发动机中的"机油"或"润滑油"。如果你把汽车内燃机中的机油用光，然后试图开到某个地方，发动机就会失灵，汽车就会停下来。机油在发动机的工作中不可或缺。如果你设计的发动机尺寸是普通小发动机的两倍，那么它所需的机油自然也是小发动机的两倍。

定价越高，现金流越充裕

《哈佛商业评论》和麦肯锡的研究表明，价格越高，利润率就越高，而且比例惊人。利润率越高，产生的现金也就越多。即使在个别公司的营运资金周期中存在延误，产生的现金越多，筹措营运资金也就越容易——所有成长型企业都应该牢记这一点。价格在支持营运资金方面的重要作用常常被人们遗忘。

因此，提高定价是为再投资提供资金的最有力方式之一，而再投资能够帮助企业快速高效地发展。再投资与定价之间的这种联系通常也常常被忽视。

价格的招牌作用

你会住在25万英镑的房子里，还是50万英镑的房子里？

你会开 1 万英镑的车，还是 5 万英镑的车？

你会乘坐年薪 10 万英镑的飞行员驾驶的飞机，还是年薪 2.5 万英镑的飞行员驾驶的飞机？你会让年薪 8 万英镑的外科医生给自己做手术，还是让年薪 40 万英镑的外科医生给自己做手术？

即使客户对于产品或服务的细节一无所知，价格也能传递出许多有关质量和效益的信息。因此，价格是质量的"金字招牌"。与竞争对手相比，价格相对较低的产品往往会被客户打上"质量较差""缺乏吸引力""风险更大"的标签。因此，我们在制定价格时，需要注意向客户传递哪些信息以及这些信息在客户至关重要的决策过程中是如何体现的。

如何进行市场测试（或如何以低价进入市场）

如果一家企业一开始的定价就很低，此后往往就很难再提价了。降价总是比提价更容易，一贯如此。

更严重的是，如果你打算先用低价试探市场，之后再以更高的价格在这个市场上销售，那么你实际上没进行过市场测试。那不是你的实际方案。你在为一个并不打算投入使用的商业方案做测试，因此这无法证明你希望真正推向市场的产品或服务会产生什么效果。采取这种做法的企业可能会获得虚假的积极结果，进入市场后，却发现提价后无法在此立足。他们当初应该直接在市场中测试这个较高的定价。

因此，在进行市场测试时，正确定价非常重要——价格既不能过高（不切实际），也不能过低（令企业难以为继）。

在市场中脱颖而出

麦肯锡的上述研究表明，客户在消费时很少会选择最便宜的产品。相反，大多数人都会比较现有产品的功能和优势以及它们所具备的属性，从而找到他们认为最适合自己的价值"甜蜜点"。因此，鉴于大多数产品和服务都有一个可接受的价格范围，我们就有机会通过定价来使自己的产品或服务脱颖而出。

> ✎ **案例**
>
> 英国的酿酒商炼金术士（The Alchemist）依靠高价值产品和差异化战略实现溢价定价。炼金术士旗下的连锁鸡尾酒吧不仅销售优质烈酒和鸡尾酒，还会为消费者提供独一无二的体验，通过绚丽浮夸的花式表演，给客人提供特制的娱乐性饮品，这些饮品有的会冒出火焰，有的会变色，还有各式各样的独特造型。

通过深化服务，炼金术士把握了人们结伴外出娱乐时的需求，开发出了一套颇具特色的产品服务，因此可以制定高价。与同城同类的连锁鸡尾酒吧相比，炼金术士的平均鸡尾酒价格比竞争对手的高档鸡尾酒贵了12%。

本章小结

- 《哈佛商业评论》的研究表明，价格是迄今为止增加利润的最大"杠杆"。
- 与同等水平增加销售额相比，提高价格的效果立竿见影，效果是前者的三倍多。
- 定价是增加利润的有效方式，可以支持营运资金需求。
- 利润还可以产生现金，进而进行再投资。
- 再投资可以使企业整体价值以复合增长率增长。
- 关键目标应该是通过差异化的有价值产品实现溢价定价，而不是因为缺乏信心而压低价格。
- 请记住，价格往往被视为质量和效益的"金字招牌"。

需要考虑的问题

价格杠杆	营运资金
计算出你的价格杠杆（影响占比）。 这比竞争对手高还是低？	你的营运资金周期是正值还是负值？ 这对未来增长的现金需求有何影响？

本章练习

计算价格杠杆。

PART 6

第六章

价格通常不能等同于"成本相加"

成本加成定价法：走向终结

本书重点想要探讨了解客户价值，并利用这种理解帮助企业制定价格。现在，仍有太多企业在使用成本加成定价法制定价格。

我们先来了解一下成本加成定价法：简单来说，成本加成定价法就是基于计算得出的生产成本，然后加上一定比例的利润来确定价格。例如，如果一款产品的生产成本（或从供应链中购买的成本）为 50 英镑，那么企业就会以成本为基础，再加上 100% 的利润，将其定价为 100 英镑。

如前所述，成本加成定价法起源于工业革命时期，当时首次采用工业流程生产产品，机械化程度大大提高，大批量的生产过程便于企业进行记录和测量。因此，这些令人振奋的新生产技术使人们自然而然地开始关注生产成本。然而，200 年前流传下来的市场规则并不一定到今天还适用。

在某些例外情况下，成本加成是正确甚至唯一可行的定价策略。例如，如果供应商签订的合同要求其向客户公开其

"账簿"（财务记录），以便在计算价格时计算和添加约定的利润率。此类合同相对较少，但仍然存在，在这种情况下，成本加成定价法成为必要。虽然如此，总的来说，成本加成定价法应该被时代淘汰了。

做大价值蛋糕：综合式交换与分配式交换

对于那些希望了解商业交易发生的背景，然后借此寻找定价方法的人而言，谈判理论中有一些宝贵的经验值得借鉴。在此，我们可以借用谈判理论中的两种谈判方式予以说明：分配式谈判和整合式谈判。

分配式谈判有时也被称为"非赢即输"谈判或零和谈判。试想一下，有两个人要分一个蛋糕。蛋糕的大小是一定的，谈判的主要任务是决定如何在参与者之间切分蛋糕。假设双方进行谈判，蛋糕有可能是以 50 ∶ 50 或 75 ∶ 25 的比例分配，甚至可能按 100 ∶ 0 的比例分配（见图 6-1）。当然，也有可能谈判失败，双方都无法吃到蛋糕。这只是个简单的例子，蛋糕可以看作是谈判中的利害关系价值量。换句话说，蛋糕的大小等于供应商可能赚取的利润加上买方在采购中获得的价值量。在 B2B 交易中，买方获得的价值通常是产品使用后节约的成本价值或利润销售增加的净值。

图6-1 分配式谈判——分配蛋糕：一方收益多少，另一方就相应损失多少

有时这也被称为零和谈判，因为蛋糕的大小是固定的。一方获得的份额越大（正收益，如 +1），则另一方的份额就会减少相同的量（负收益，如 –1）——两者相加等于零，因此称为"零和"，无论双方收益或损失的数值是多少，蛋糕的整体大小不会发生变化。产品为买卖双方创造了一定的价值，因此蛋糕的大小是固定的，谈判的主要目的是分割这个价值——通常是通过设定价格。一方支付的价格越高，他们获得的蛋糕价值就越少，另一方获得的蛋糕价值就越多。

大多数产品的购买都属于分配式交换。举一个简单的例子，在展厅购买一辆二手车：虽然车身上标有了价格，但总有一些可以讨价还价的余地。二手车经销商可以赚取一定的利润，而这主要取决于他们连带销售汽车的价格。买方从购买和使用汽车中获得价值，尽管价值会根据他们支付的价格而减少。如果价格在讨价还价的过程中上下波动，则一方收益，另一方损失（见图6-2）。

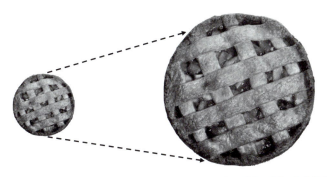

图6-2 综合式谈判——分配蛋糕：想方设法做大蛋糕，让每个人都受益

　　相比之下，综合式谈判也被称为"双赢"谈判或价值建设谈判。在此类谈判中，蛋糕的大小并不固定。谈判的重点不在于如何瓜分蛋糕（通常是在分配式交换中确定价格），而在于如何把蛋糕做大。如果能把蛋糕做大，那么产生的价值就会更多，从而实现"双赢"，即在分完蛋糕后双方都受益匪浅。对于具有企业家精神的价格制定者来说，把蛋糕做大的过程尤为重要，因为这提出了一个显而易见的问题："如何为客户做大蛋糕？"如果蛋糕能做大，那么各方都能获得更多的价值，包括可能制定更高的价格。

　　请牢记"做大蛋糕"这个理念。把蛋糕做大为提高产品价值提供了一个真正的机会——实现这一目标的途径可能包括优化产品的功能和优点、产品的销售方式、产品的传播方式以

及消费品中更广泛、最重要的地方，即可以附加在产品上的情感价值（通常是通过产品附带的信息）。我们将在本章后面的部分展开介绍情感价值。现在，先详细回顾一些定价法。

五花八门的定价法

在大多数情况下，价格是由直觉、意见、经验法则、纯粹的教条、高层管理人员的高见或内部权力斗争决定的……

定价先驱赫尔曼·西蒙（Hermann Simon）的上述言论反映了许多企业是如何制定价格的。人们对定价总会产生误解，要么恐惧，要么忽视，要么被企业文化所左右。

在以上所有情况中，企业缺乏的是正式认识定价的重要性和影响力，然后创建供企业使用的定价流程和方法，以确保最大限度地发挥智能定价的潜力。下面，我们将详细阐述一些关键性定价方法。

成本加成定价法

成本加成定价法是最传统的定价方法之一，起源于工业革命时期，以流程为导向。如果你能计算出制造成本（例如100英镑），那么在定价时就可以在100英镑的基础上加一个合适的利润，例如，"制造成本加 60% 的利润"，得出 160 英镑的价格。据说这种方法能给使用者带来一定的安慰，因为假设他们对成本有正确的了解，就可以放心地以一定的赢利达成交易。

这种方法的最大问题在于它完全是自省式的。它基于对企业内部流程的认识，既不关注产品对客户的实际价值，也不关注竞争对手在做什么，而这两者在了解更广泛的商业背景时都是非常重要的参考点。从企业文化的角度来看，以客户为中心，了解和掌握客户感受和想法的企业往往更容易在商业上取得成功。成本加成定价法所鼓励的自省，往往会导致企业文化偏离这一点，从而形成更加孤立和缺乏客户意识的企业文化。

成本加成定价法还假定企业实际上能够准确计量其成本，可这其中的难度人尽皆知。成本会计有许多复杂之处，在计算成本时需要各种假设，例如对于数量和间接费用分配的假设以及这些成本如何随时间变化。这些假设通常以历史数据为基础，因此未来很可能会有所不同，在这种情况下，成本将无法正确计算。这在一定程度上解释了为什么有些企业认为自己在赢利，但实际上有时会出现亏损——当前的成本很难准确判断。

因此，通常情况下，生产成本与定价决策基本无关，只是通过会计职能进行"合理性检验"，以确认利润率是否健康。

成本加成定价法对于制造商来说尤为普遍（因为他们的业务要求他们掌握大量的成本数据），但对于任何一家企业来说，仅因为出于控制目的来衡量不同形式的成本，要花费大量的时间和精力；因此，成本不应该成为定价决策的核心。在所有商业活动中，成本都是众多"未知数"中的一个"已知"参数，其作用往往被过分夸大了。

✎ 案例：成本加成定价法在家具制造中的应用

英国有一家高端家具企业，他们的产品都是手工制造，会根据客户的要求进行创意设计，成品独一无二。由于客户眼光独到，该企业迄今为止一直很成功，但尚未实现增长目标。

他们在商业决策中面临的一个关键问题是，每件产品都是独一无二的，这应该如何设定价格？大多数处于这种情况的企业都会采用成本加成定价法，因为缺乏外部参照物，也因为需要建立自己在赢利方面的信心。

这样看来，他们极有可能定价过低。然而，他们应该如何定价才能实现经营价值呢？

也许最好的答案是，其价格应该根据客户愿意为定制产品支付的价格来确定，尤其是在没有外部参照物可以用来说明价格应该是多少的情况下。对于客户和制造商来说，缺乏参照物的问题可能同样严重。

开展切实有用的市场调研，或者进行市场实验，这将有助于他们确定客户的实际预算偏好，说不定还可以找机会提高客户的价值认可度——例如提高情感价值和改善客户体验。

然而，他们实际上是通过成本加成来定价的，这就带来了种种限制和问题。更糟糕的是，他们会预测成本（据我们所知，这个预测很可能是不正确的），然后套上来自另一个行业的利润加价，但这个加价根本不符合本行业的行情。在不同的行业或市场，客户所获得的价值水平很可能大相径庭，与生产成本水平的关系也不尽相同。

成本加成定价法显然不能满足他们的需求，他们需要改变定价理念才能释放企业的真正潜力。

竞争导向定价法

竞争导向定价法相当常见，既可单独使用，又可与其他定价法结合使用。这个方法本质上在探究竞争对手对该类别中的类似产品收取了多少费用。企业可能试图从客户的角度出发，会认为客户会在多个产品之间进行比较和选择，而他们比较的关键因素之一就是价格。因此，企业将根据竞争对手制定的价格来设定自己产品的价格。换言之，企业将自己的定价与竞争对手选择的价格挂钩——无论这些价格是竞争对手出于令人信服的理由制定的，还是随意制定的，企业都会这样做。

虽然作为一种非常商业化的方法，竞争导向定价法值得称赞，但它也确实存在一些问题。其中一个问题是没有考虑到这为交易各方创造了什么价值。也许它为客户创造的价值远远高于现行定价结构所承认的价值。另一个问题是，它假设竞争对手和客户都是理性的参与者，会做出理性的决定。最近关于行为经济学以及客户如何制定决策的许多研究表明，这种情况很少发生。

我们在第四章中看到的价格散点图也为竞争导向定价法提供了支持。企业在绘制散点图时，面临的挑战之一是评估应在性能轴上的哪个位置绘制特定产品。如果很难对产品进行比较，这个问题就会更加严重。同样，使用竞争导向定价法时可能会面临一个挑战：如果竞争产品的差异化很大，该如何对它们进行比较？

初创企业和高增长企业的另一个常见问题是，企业家往往认为，只要自己的定价低于竞争对手，就能获得成功。换言之，他们认为只要稍微便宜一点，就会更容易达成交易并取得成功。在前文，我们探讨了为什么定价过低会非常危险。在某些行业，利润率可能很高（研究表明，这种情况通常持续时间较短），而竞争对手因为利润率很高，所以压低他们的价格，仍然可以带动增长——尽管这可能更多是出于运气而非判断。然而，对于大多数行业来说，情况并非如此，随意在竞争对手的价格基础上压价，意味着将利润率置于危险的境地之中。更糟糕的是，从长远来看，这可能会引发一场破坏性的价格战。

在这种价格战中，不断升级的价格竞争意味着很少有企业能生存下来，更不用说发展壮大了。

价值基础定价法

在大多数情况下，更好的策略是将价格与客户价值挂钩。价值基础定价法将价格与客户享有的利益关联起来。它会提出一个问题："对客户而言，价值是什么？"然后通过提出合理的价格来获取其中的一部分，剩余的价值则归客户所有。

企业对于客户价值的思考还为大量有价值的方法和对于客户购买环境实际情况的健康分析创造了条件。换言之，有利于帮助他们做出决策。

典型的价值基础定价法是比较两种场景，看看产品能创造什么价值。第一种情景是基本情况，即如果客户不使用所提供的产品，会发生什么情况。第二种情景是介绍产品，询问客户现在能享受到哪些优势。在理想情况下，这种情景下的优势可以量化。这种量化通常用货币或数量来表示——客户使用产品后能得到多少好处？通常，尤其是在 B2B 领域中，这往往指节省成本（客户通过使用产品节省了多少钱）或通过销售增加利润（客户通过使用产品获得了多少额外的利润）。

这可以看作是价值蛋糕——在"双赢"的综合式谈判交易中产生的价值。一旦你知道交易中会产生多少价值，就可以将这些价值在企业和客户之间进行分配。这种分配可能会因行

业而异，以 B2B 服务和软件行业为例，通常 15%—25% 的价值归供应商所有，而 75%—85% 的价值则归购买者所有。供应商保留的 15%—25% 的价值又称为价格。不过，价格的实际水平因行业而异，取决于该行业的基本经济情况，而且特定行业往往有特定的标准。

值得注意的是，这种分析在向企业（B2B）销售时要比向消费者（B2C）销售时容易得多，因为消费者往往不像企业的决策者那样理性，也因为在复杂的产品类别中，为消费者带来的许多优势往往是无形的，例如情感价值，因此更难量化。尽管如此，基于价值的定价仍是一个值得追求的目标，它所需要的分析可以产生有趣的见解。

🖊 案例：为价值 100 万美元的设备定价

假设有一家企业推出了一个全新的设备，可以为客户带来 100 万美元的价值。也许这个设备是一个独特的创新装置，可以大大节省燃料成本——对于普通客户来说，这相当于省下 100 万美元。那么，如果企业研发出一个新的设备，为客户创造了 100 万美元的价值，而且假设不存在竞争对手或替代品，那么这款产品的价格定为多少合适呢？

许多人会说是 50 万美元——创建一个价值 100 万美元的新的"资金池"或"蛋糕"，并以 50 ∶ 50 的比例与客户平分价值。在这种情况下，一半蛋糕作为价格归供应商所有，而另一半则由客户通过购买和使用设备来享有。有些人认为，理性的顾客会接受高达 999 999 美元的价格，这样客户还是能赚到 1 美元的价值，但这还没有考虑到客户购买和学习使用新产品所附带的精力和时间成本。在许多情况下，不同行业和市场的情况也不尽相同，企业往往会将新价值的 15%—25% 作为价格。在这个例子中，我们假设价格为 25 万美元。

再补充一些信息。如果成本会计部门报告，该产品的生产成本为 900 美元，那么你现在应该向客户收取多少费用？同样，我们还是假设市场中没有替代品或竞争对手。

答案当然是一样的，25 万美元。与为客户创造的价值以及有无竞争对手和替代品的情况相比，生产成本的高低实际上有多低并不重要。

这个例子过于简单，忽略了竞争对手和替代品的作用，但仍然提出了一个重要的观点。许多企业都犯了一个错误，就是不了解价值创造、价格和成本之间的关系，也不知道它们是否应该联系在一起。

价值基础定价法是提高价值创造的一种综合性方法。综合性价值创造法假定，在销售交易的情况下，价值正在产生。如果交易没有发生，那么双方的利益都会受损。通过调查和建立销售案例，再加上提供更好的解决方案，就能创造价值。这与分配式交易或零和交易不同，在分配式交易或零和交易中，整个交易过程中产生的价值并没有增加，只是各方通过竞争来分配价值。

因此，价值基础定价法的一个关键方面是评估并努力提高为客户创造的价值量，因为这是做大蛋糕的必经之路——企业可以创造更多价值、制定更高的价格。

感知价值定价法

感知价值定价法（企业以消费者对产品价值感知为基础的定价方法）同样具有强大的威力，尽管使用这种方法所面临的挑战可能有所不同。在商业市场上，计算使用一款产品相较于另一款产品的经济优势可能更容易，但在消费者市场中通常就没那么明晰了，原因有两个。

第一个原因是，普通消费者不是计算精确的机器，不能像受聘于企业的专业采购代理那样在深思熟虑后做出购买决定。相反，许多消费者的购买行为要么是一时冲动，要么是通过丹尼尔·卡尼曼在《思考，快与慢》一书中概述的系统思维来完成的：卡尼曼认为人们的大脑中存在两套思维系统。思维系统 1 的思维是高速且直观的，由本能驱动。这与思维系统 2 的思维形成了鲜明对比，思维系统 2 的思维更慢、更符合逻辑，能有意识地进行思考。令许多人惊讶的是，卡尼曼表明，倾向于本能的思维系统 1 承担了大部分决策制定的工作。这在一定程度上解释了为什么许多消费者似乎乐于做出非理性的购买决定。

此外，由于消费者处理信息的能力有限，他们一般不会巨细无遗地研究各种选择以实现价值最大化。他们会在找到满意的选项后停止货比三家。诺贝尔经济学奖获得者赫伯特·亚历山大·西蒙（Herbert Alexander Simon）提出了"satisficing"（满意度模型，也称满意度法则）的概念，将"satisfy"（满足）一词与"suffice"（足够）一词结合起来，表达出这一概念的精髓。

第二个原因是，当今许多最有价值的消费品牌都是通过其产品中的大量无形价值来实现其优越的价格和利润的。这些无形的要素可能包括安全感、情感价值和其他与 B2C 品牌相关的"软要素"。因此，从制定价格的角度来看，对这些无形的要素进行量化衡量并没有那么简单。相反，必须采用更偏向于定性的方法。

当然，价格也是衡量性能或质量的有力指标。在下一章我们将看到，有证据显示，消费者普遍认为产品价格越高，质量就越好。

无论如何，感知价值定价法非常有效，而且与传统 4P 营销理论的 4 个基本策略高度一致，价格的设定最好与整体产品和价值产品的设计同步进行。一般来说，产品所含的情感含量和其他无形要素越高，价位就越高。

案例：希蒂力饮品（Seedlip）

希蒂力是一家英国企业，他们成功地规避了成本加成定价法。希蒂力饮品采用植物原料，经过六周的浸泡、蒸馏、过滤和混合过程，生产无酒精酒。值得一提的是，他们已经在各种鸡尾酒中找到了适合自己的定位——杜松子酒的无酒精替代品。

倘若希蒂力的竞争对手都是传统酒精饮料，他们应该如何定位自己的无酒精饮料？从传统意义上讲，希蒂力是一款酒精含量较小的饮料。

就售价而言，一瓶700ml的知名品牌杜松子酒的售价一般为15至20英镑。高档品牌的杜松子酒售价较高，通常一瓶700ml的高档杜松子酒的售价在30至35英镑之间，而低档杜松子酒的售价在10至15英镑之间。

此外，在英国，一瓶700ml含酒精的杜松子酒的消费税为8.055英镑，税款已包含在了杜松子酒的零售价中。但希蒂力无须支付这笔税款，因为他们的产品中不含酒精。

你认为希蒂力的价格应该定为多少？

事实上，一瓶700ml的希蒂力的零售价通常为22至30英镑。

希蒂力的生产成本不会公开。不过，与其他含酒精的品牌相比，它们显然节省下了8.05英镑的税款。尽管节省了成本，希蒂力的价格仍至少与传统杜松子酒相当，在许多情况下甚至更高。

这表明希蒂力对自己的价值主张充满信心。消费者的评论反映出用户对该产品价值的认可，并提到了选择不含酒精的鸡尾酒饮料的优势，这款饮品风味良好，广受欢迎。该产品的优质特性似乎使其作为传统含酒精杜松子酒的替代选择具有更高的可信度。

希蒂力的定价法则是企业采用价值基础定价法的一个成功案例——根据衍生的价值而不是将成本相加来制定价格。

建立情感价值的工具

打造品牌

英国特许营销协会（Chartered Institute of Marketing）对品牌的定义如下：

"……品牌实际上是企业所代表的一切的象征，是企业对客户的承诺以及愈发代表着他们的实际承诺……"

品牌塑造是一种在产品的纯粹功能元素之上创造真正价值的活动，类似于不同水产品——水分子是相同的，唯一的区别在于包装和品牌，但价格差异却高达6倍。

在经典的商业理论中，这种差异在很大程度上可以归因于品牌及其所传递的情感价值元素。对于高价产品来说，这里有一个"先有鸡还是先有蛋"的问题——客户究竟是在看到指示价格之前还是之后，才真正认识到了品牌的价值？这里的指示价格往往能够明确地体现出品牌的价值。这可能是一场哲学辩论，但对于所有价格而言，毫无疑问，品牌和价格的共同作用可以传达大量的信息并建立感知价值。

因此，我们有机会利用品牌的这一角色来表达情感价值——创造超越有形价值或实用价值的价值。

在品牌和产品中创造价值

贝恩公司（Bain & Company）在《哈佛商业评论》上发表的价值要素金字塔（见图6-3），对如何为客户创造价值有很大的启发意义。

这个金字塔与马斯洛著名的需求层次理论有些类似，是在对8000名消费者和50家不同企业进行研究的基础上形成的。价值要素金字塔强调可以"获取"用以建立感知价值的要素，这在考虑与产品相关的消息传递和利益的设计时特别有用。

金字塔分为4层：

- **职能类：** 这些是价值交付的最基本要素。它们位于金字塔的底部，却是重要的价值来源，这些要素包括省时、简化、赚钱、降低风险、组织、整合、联系、

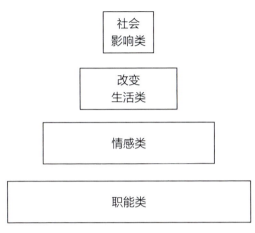

图 6-3　品牌价值要素金字塔的层次结构

省力、避免麻烦、降低成本、优质、多样化、感官吸引力和提供信息。

- **情感类：** 在功能价值的基础上更上一层，增加了情感价值元素，是各种有用的潜在巨大价值来源。这些要素包括减轻焦虑、给予奖赏、怀旧、设计／审美、标志、健康、安抚、乐趣／消遣、吸引力和提供途径等价值。

- **改变生活类：** 尽管随着金字塔的上升，价值元素的数量越来越少，但这些元素通过一种成就感，或创造一种乐观感、归属感等，提供了更高的价值感知。这些要素包括改变生活带来希望、自我实现、获得动力、实现财富传承、建立附属／从属关系。

- **社会影响类：** 这一类中唯一的要素是自我超越。这个层次可以改变外界，让消费者切实参与到改变外界的过程中，可以增加价值。例如，消费者每购买一次产品，就会触发一次善举，如植树、帮助贫困人群或进行慈善捐款。

我们可以用这个金字塔来评估苹果公司的苹果手机产品。在职能价值上，手机有日历和"待办事项"列表帮助组织用户。它通过各种通信方式将人们联系在一起。它有多样化的型号、尺寸和价格，可以满足不同客户的需求。它们制作精良，质量上乘。手机在生产力方面（例如访问互联网），为用户节省了时间。这种电子产品可以装在口袋里，便携省力。

在情感价值上，手机通过完善的应用程序和游戏网络商店为用户提供乐趣和消遣——苹果公司是第一个开发此类大型应用程序商店的企业。在同类产品中，苹果手机的价格往往是最高的，因此它也具有标志价值，甚至可以说是对于高消费人群的品牌号召力，是一种高声望的产品。苹果手机不仅以其外观设计而闻名，其图形界面也备受赞誉——这两点都让消费者觉得拥有和使用苹果手机是一种享受。

在改变生活的价值层面上，客户感到自己是苹果社区和生态系统中的一员，有时也被称为"围墙花园"。"围墙花园"是苹果公司产品独有的封闭的生态系统，如隔空投送（Airdrop）和视频通话（Facetime）功能，鼓励人们说服家人和朋友购买相同系列的产品，方便他们使用这些功能，为他们提供归属感（建立附属／从属关系）。图6-4是苹果手机的品牌价值要素金字塔。

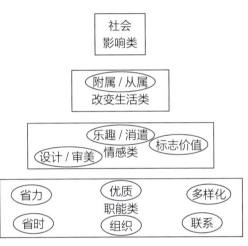

图6-4　苹果手机的品牌价值要素金字塔

因此，从上述对苹果手机的分析中可以看出，除了纯粹的职能类价值要素（这些要素与其大多数竞争对手相同）之外，苹果手机还通过其情感类和改变生活类的价值要素为用户提供了巨大的情感价值。

> ✏️ **练习：采用价值基础定价法**
>
> 　　计算产品产生的价值是一项非常有用的工作。如前文所述，这种量化方法更适合某些类型的产品，但进行产品使用前后对比对所有产品都适用。

如上所述，这涉及以下几个步骤：

（1）描述，最好是计算没有使用你的产品时的情况——当前的情景是什么，对可以节省的超额成本、错失的收入机会或错失的机会成本有什么影响？

（2）重新计算使用了你的产品，并实现了其价值的相同情景（见表6-1）。

a. 对于增加销售额的机会，右侧一栏最有用，中间一栏可能不需要。

b. 对于节省成本的解决方案，中间一栏还可以列出当前成本（节约成本前），在右侧一栏中可以输入新的较低成本，并计算净差额。

（3）计算创造出的总体净价值（价值的增加），并将该价值的适当部分定为售价。

表6-1　价值基础定价法（步骤2）

	不使用产品的情况：当前行为	使用产品的情况：新情景
收入		
收入	i. ii. iii.	i. ii. iii.
成本		

续表

	不使用产品的情况： 当前行为	使用产品的情况： 新情景
成本	i. ii. iii.	i. ii. iii.
创造的净值	i. ii. iii.	i. ii. iii.
净交易头寸		
80% 的净值（由客户保留）	£	£
20% 的净值（例如价格）	£	£

指导：这项工作的关键之处是进行使用产品前后的对比。如果你能够描述这两种情况以及它们之间的区别，那么就可以计算出该产品的价值了。在进行这项工作时，一定要牢记从客户的角度出发。设身处地地为客户着想——他们是怎么想的，他们获得了什么价值，他们的成本和机会是什么？一旦计算出生成的"价值蛋糕"，你就可以决定如何在自己和客户（或其他利益相关者，例如分销商）之间进行分配。

举例说明非常有用。在这个简单的例子中，新情景的价值是由新的创收机会产生的，但同样的方法也可以用于成本节约计算。

最近，我与一家为南非的个体农民提供蘑菇种植环境的新公司"MushMag"展开合作。这些农民通常拥有一小块土地，在农时生产各种作物。不过，在传统农时里，他们有时候没有那么忙，可以生产额外的高价值作物。蘑菇是一种具有潜在吸引力的替代作物：蘑菇所需的生长空间相对较小，而且市场价格相对较高，目前该国的大部分蘑菇都是进口的。

这家公司正在销售一项新技术——蘑菇种植"帐篷"，它是一个由回收材料制成的穹顶装置，直径约1米，顶部装有太阳能电池，为内部的湿度控制系统供电。这个控制系统可以确保蘑菇处于最佳的生长条件中。"帐篷"里还配备了培育菌丝体播种材料和必要的消耗品。

普通农民平均每年由每个蘑菇种植"帐篷"产生的支出和获得的经济效益示例如下：

- 运营蘑菇种植"帐篷"的劳动力成本——20美元。
- 材料和消耗品成本——30美元。
- 每年出售给批发商的蘑菇作物的价值——375美元。
- 作物运输成本——5美元。

因此，假设这种穹顶装置的使用寿命为一年（实际上会更长），那么一个普通的农民通过每个蘑菇种植"帐篷"可以赚取 375 美元，减去 20 美元的劳动力成本，减去 30 美元的材料费，减去 5 美元的运输费后为 320 美元。这就是这个新设备所创造的经济价值。按照典型的 B2B 比例 20% 计算，蘑菇种植"帐篷"的定价应为 64 美元（见表 6–2）。

表 6-2　计算蘑菇种植"帐篷"定价

	不使用产品的情况：当前情景	使用产品的情况：新情景
收入		
收入	$0	+$375
成本		
成本	N/A	-$20 人工 -$30 消耗品 -$5 交通费
创造的净值	$0	= $320
净交易头寸		
80% 由客户保留	$0	$256
净值的 20%（例如价格）	$0	$64

　　另一种观点认为，蘑菇种植"帐篷"产生的"价值蛋糕"净额为 320 美元，并且按照 80 ：20 的比例进行分配。事实上，该公司的规模化生产成本预计约为 20 美元，因此 64 美元的价格意味着可观的利润空间，有助于该公司发展。相比之下，如果采用成本加成定价法，根据 20 美元的成本加上 100% 的加价，得出的价格可能只有 40 美元。

　　价值基础定价法的另一个主要好处是，现在可以向客户解释所产生的价值，并清楚地说明理由，并且对于 320 美元的净值（利润）部分来说，64 美元的价格非常合理。

了解客户的参照点

　　本章前面提到的那个价值 100 万美元的设备，忽略了竞争对手和替代品，但客户经常会在消费时将心仪产品与所有可用的替代品进行价格比较，无论它们是十分相似的等效产品，还是一般的替代品。

　　事实上，研究表明，客户通常将替代方案定义为相对于一个或多个参考点的收益或损失，而不是绝对水平。换言之，客户不会通过"校准"以绝对价值来衡量价值，而是需要使用外部参考点来确定某个主张的相对优势或劣势。

为此，客户需要利用他们过去的经验以及对替代方案的了解进行判断，也许最重要的是考虑当下出现的所有其他方案。

因此，许多企业在制定价格时考虑的关键问题是：这些参考点是什么，它们能以何种方式影响或控制客户的参考点？如果他们能够以某种方式控制或影响参考点，那么客户对于"物有所值"和"物非所值"的标准也会随之改变。

一家普通的餐厅就是典型例子。他们知道，很多人不会消费菜单上最便宜或最贵的菜品，因此餐厅拥有相对较高的控制权，因为只有他们才能设定这些下限和上限。酒单就是一个很好的例子——很多人不会购买最便宜的葡萄酒，因此可以添加一些价格更高的葡萄酒，即使它们从未卖出去过，也可能会提高所有葡萄酒的平均购买价格。这种所谓的"中间魔力"效应是一种锚定效应，在缺乏其他信息的情况下，人们会利用与参考点的相对位置来帮助其做出决策，也就是说，如果人们不知道应该选择什么，他们会选择中间位置的东西。我发现餐馆使用的另一个（可能不相关）技巧是，从价目表中删除货币符号。这种做法看似是为了迎合"潮流"，但一些研究人员认为，删除货币符号会降低消费者对价格的敏感度。

通过拍卖发现价格

发现价格还有许多其他方式，即价格与客户感知到的价值相匹配。拍卖就是很好的例子。有 4 种经典的拍卖方式。

英式拍卖

英式拍卖中存在一个卖家和多个买家。价格随着买家之间的竞价而上升。出价最高者赢得拍卖，最终成交的价格反映了他们比其他竞拍者感知到了拍品存在更高的价值（或者，可能其他竞拍者只是耗尽了预算，不然出价会更高）。

> 注：有一种现象被称为"赢家的诅咒"，即有人在竞标过程中为了获胜意气用事，最终以超过拍卖品价值的价格成交。举一个简单的例子：一位同事在易贝网上出售一张面值 220 英镑的品牌礼券，最终以 237 英镑的价格成交。可以推测，买家是在拍卖过程中"没有刹住车"。

荷兰式拍卖

在荷兰式拍卖中，卖家很多，但买家只有一个。卖家为了赢得生意，需要竞相降价。获胜者出的价格最低，但显然存在定价过低的风险，在最终清算中会亏本。

密封式拍卖

密封式拍卖与英式拍卖类似，但买方需要在某个时间段内进行一次性保密出价。获胜者通常是出价最高的买家。

双重拍卖

在双重拍卖中，有很多卖家和很多买家，拍卖行会根据供需变化来制定价格。股票市场中常用这种拍卖方式，利用做市商和软件来帮助交易所发现价格。

避免价格竞争

你可能会问，那竞争对手和竞争战略呢？如果我们以低于竞争对手的价格出售产品，可能并不会改变需求，但我们可以获得他们本来会有的销售额。这有时可能是正确的，但低价竞争的前提是产品完全相同，可实际情况未必如此。而且客户更关心总体价格的变化而非其他因素，如与决策相关的其他交易成本。然而，通过削弱竞争对手的价格竞争力来争取生意也不是什么好办法，这会降低对企业来说最重要的利润并引发价格战，导致最弱（通常是规模最小）的企业破产。

事实上，许多企业和行业都在努力避免价格竞争。一般来说，价格合谋❶是非法的。美国、英国和欧盟反垄断法严格禁止竞争对手之间就定价或其他竞争要素进行任何直接沟通。然而，这并不是说企业没有找到避免价格竞争的合法途径。

请查看以下客户"福利"清单。你认为这些"福利"对于消费者而言是一件好事吗？

- **航空里程：**航空公司免费给乘客提供里程，当里程积累到足够水平时，可以兑换航班、其他产品或福利。

- **商店会员卡：**商店会向消费者提供会员卡积分作为购物奖励，这些积分通常可以兑换其他商品，消费者可以在同一家商店或另一家连锁商店使用这些积分。

- **"最低价"保证：**这种保证相当于"价格匹配"。如果消费者可以在其他地方以更便宜的价格找到相同的产品，那么零售商将匹配该价格，确保客户尽可能达成最佳交易。

事实上，这三者都是阻止价格竞争的有效手段。换句话说，它们是阻止消费者压低价格的一种方式——可以说它们实际上对消费者不利，因为消费者最终平均要支付更高的价格。

---

❶ 价格合谋是指利用商讨、会议时机，通过交换产品价格目录、协定固定折扣率手段，进行合谋，从而达到价格垄断的目的。——编者注

航空里程

购买航空公司特定价格的机票即可免费获得航空里程。只要在该航空公司攒到足够的飞行里程，你就可以"消费"这些里程数，用于换取免费的航班或升舱等。当然，如果你开始积攒一家航空公司的飞行里程，再去其他的航空公司消费就没有意义了，因为这只会推迟你攒够飞行里程的那一天（有些航空里程如果不使用就会随着时间的推移过期了）。实际上，航空里程降低了消费者货比三家购买最便宜航班的意愿，从而减少了航空公司之间价格竞争的必要性。更有经验的常客可能会在两到三家航空公司积攒航空里程，并在这些航空公司中集中购买——然而，降低他们货比三家的能力的净效应是相同的。

商店会员卡

我们在前面提到过乐购，它是英国首批率先推出商店会员卡的超市之一。与航空里程类似，会员卡可以让消费者根据消费金额"赚取"积分。购物越多，积分越多。通过这种方式，会员卡将消费者的购物选择局限在一家超市，而有时消费者可能会同时攒几家商店的会员卡积分，就像积攒航空里程一样。对于商家来说，会员卡给他们带来的额外好处是，提供了有关客户购买行为的信息。这些信息极其宝贵，可以用来建立会员档案，提供有针对性的优惠，增加总体消费。事实上，对商家来说，会员卡中存储的数据可能比避免潜在的价格竞争更有价值。

"最低价"保证

"最低价"保证是一种承诺，即"不会有商家标价比本店的更低"，如果客户发现有其他商店以更低的价格出售同样的商品，商店就会退还差价。这实际上是在强势地向其他商店发出"信号"，可以有效防止价格竞争。这是在告诉竞争对手，其任何降价竞争的尝试都是徒劳的，因为他们会匹配价格，折扣商不会得到任何好处。因此"最低价"保证阻碍了产品降价，消费者最终会支付更高的价格。

使消费者更难进行比较

企业试图阻止价格竞争的另一种方法是，提升客户"货比三家"和进行直接比较的难度。实现这一目标的方法之一是进行多个产品捆绑销售，而不同的竞争对手会以不同的方式捆绑产品，这使得客户更难进行准确的比较。捆绑销售的产品不一定都是实物，捆绑产品涉及的某些要素可能包括不同供应商之间不同的融资安排或不同的保修期。例如，如果一家零售商对其销售的所有产品都附带了一年的保修期，一般消费者就很难计算其价值，因此也就很难进行同类产品的对比。

针对电子产品和白色家电❶等消费品惯用的一种伎俩是，大型零售商会为某一特定产品制定独一无二的产品型号（或存货编号），以之取代制造商的标准型号，这样消费者就没有办法在互联网上快速进行价格对比。消费者需要对产品功能进行深入分析，这对普通消费者来说不太现实。这种策略也使得消费者更难"先逛店后网购"（即先去传统实体店查看产品，再在网上购买），他们通常会在网上搜索相同产品最便宜的供应商。

同样，当消费者去实体店购买商品时，他们往往又会遇到比较产品功能的难题。以洗衣机为例——洗衣机种类繁多，功能大同小异，因此很难进行细致比较。由于零售商没有在所有洗衣机的产品标签上标明相同的功能，因此需要查看洗衣机的规格说明，才能进行整理和比较，这样的工作量有多大可见一斑。当然，这种现象在很大程度上是商家刻意为之。面对琳琅满目的选择和不一致的计量单位时，消费者会要求销售助理提供帮助，然后零售商就可以控制销售流程。

"先买后付"服务

在某些行业，"先购物后付款"服务非常流行。消费者通常

---

❶ 白色家电指可以替代人们家务劳动的电器产品，主要包括洗衣机、空调、电冰箱等。——编者注

可以在网购过程中享受这种服务。"先买后付"服务通常由第三方提供给在线零售商，实质上是一种面向消费者的免费信贷服务。这种消费信贷意味着消费者可以花更多的钱，同时也提升了消费者完成购买的可能性，不会让所有商品都在购物车里白白吃灰。对消费者来说，这项服务是免费的，由零售商支付费用。

为什么？从根本上说，"先买后付"增加了销售额，减少了对季末促销和其他形式折扣的需求。"先买后付"还巧妙地增加了捆绑销售，使消费者更难比较购物引擎零售商之间的整体报价，包括它们提供的信贷服务。因此，它为防止价格竞争提供了另一条途径。

企业选择对成本不敏感的类别

虽然与避免价格竞争没有严格意义上的关联，但之前提到的麦肯锡研究表明，消费者在某些情况下会对某些产品的成本敏感，因此对于高增长的企业来说，弄清特定产品可能属于哪个类别，以便做出正确的定价决策，这一点非常重要。

增强差异化

企业用来避免价格竞争的最后一个方法是增强差异化。如果企业生产的产品与市场上同类产品的差异化足够大，或者说个性化明显，那么客户就很难将其与其他产品进行对比。换言之，如果某种产品是独一无二的，而且这种独特性是价值的源泉，价格就很难成为客户在该产品和其他产品之间做出选择的主要驱动因素。

进行捆绑销售和增加情感价值

我曾经拜访过华特迪士尼心理部门的工作人员，采访他们是如何看待客户价值的。这个部门有时需要为迪士尼主题公园的消费者实现价值最大化。他们需要解决的问题包括管理公园内的人流量以及确保游客不会在排队时望而却步（反而让他们乐在其中）。

他们的工作之一是为激流勇进项目的拍照服务定价。大家可能都知道，激流勇进类似于水上过山车，它将载有游客的小船提升到坡道顶部，然后让他们从水滑梯滑落到下面的水池中。当小船撞上水池时，通常会有一片水浪扑面而来，乘客会失声尖叫，这就是游乐项目的高潮。与此同时还会有一个摄像头拍摄乘客落水时的照片。

当游客们穿着湿漉漉的衣服从船里爬出来，走出该项目的出口时，他们就会看到一个显示屏，上面有他们撞上水池的抓拍，可以选择购买照片。一张照片的价格是 21 美元。不难理解，迪士尼乐园本身的消费就很高，一张照片卖 21 美元也相对昂贵，因此激流勇进照片的购买率非常低，只有一小部分游客会买。

心理部门接到通知，协助解决这个问题。他们给出的第一个方案是让游客自己定价。然而，第一次征集得到的价格是99美分，这个价格太低了，完全不可行。于是，他们采取了另一个方案。价格定为3美元，另加3美元作为给当地慈善机构的捐款。因此，最终售价为6美元，其中一半的费用会捐给慈善机构。这个价位成效显著，转化率也很可观。

这是企业理解客户视角心理的一个范例。如果你去过迪士尼乐园，就会知道门票价格并不低，而乐园内的一切产品和服务，比如食物，也都是溢价的。因此，客户拒绝为照片买单可能是意识到这会导致游玩成本大幅上升。照片的3美元加上捐给慈善机构的3美元，对于那些本来想买一张照片，但可能会对价格犹豫不决的人而言，这个定价方法给了他们一个站在道德制高点的理由去购买一张照片。游客可能不认为6美元是个公道的价格，但如果其中一半用于慈善事业，他们愿意为此买单。这是一个绝佳的例子，说明在基本情况下提高价格实际上可以增加价值。（另外，主题公园最近又进行了创新——提供统一价格的拍照服务，顾客只需支付一次费用，即可获得自己在游玩期间拍摄的所有数码照片。）

捆绑销售的其他例子还包括餐厅出售固定价格的3道菜品，电话和有线电视供应商将电视、电话和互联网的服务捆绑销售，套餐的总价格低于单项服务价格的总和。这些方法都使得价格比较变得更加困难。

捆绑销售的另一种形式是使用亏本销售定价策略：喷墨打印机制造商几乎可以白送打印机，他们以边际成本销售打印机，因为他们可以通过销售电子控制墨盒赚钱。同样，电子游戏机制造商也以边际成本销售游戏机，因为一旦消费者购买了游戏机，他们就能以极其可观的利润率销售电子游戏，而且几乎没有竞争。

客户无利可图吗

利润通常比收益更重要。不过，也有几个例外情况值得注意。

一种情况是出现市场"抢夺"——许多激进的参与者在市场中竞争，谁能迅速获得最大的市场份额，谁就能保住市场份额，并获得有利的长期地位。举一个例子，互联网发展初期，即1995—2000年左右的繁荣时期，当时的网络企业迫切希望获得用户和市场份额，以巩固他们的长期地位。亚马逊及其异常漫长的赢利方案就是一个很好的例子，亚马逊公开宣布了将牺牲短期利润以换取增长和长期市场份额的政策——这一策略似乎奏效了。

在早期产品验证试验或市场验证试验中，利润也没有那么重要。在这种情况下，一家企业（通常是技术类企业）希望让客户为早期产品付费，并通过真实的购买交易过程来验证市

场的真正吸引力和价值认可。由于产品或基础技术处于早期阶段，规模经济尚未形成，暂时的高成本将产生负利润。在这种情况下，让早期采用新产品的客户掏钱购买和使用新产品，比当时获得更多利润更重要。

然而，在大多数情况下，利润比收益更重要，因为有了利润就可以对增值活动进行再投资，从而使企业不断发展壮大。任何的企业成功都少不了"收益"一词，但通常收益本身实际上并不能使企业获得更高的利润、更高的股息和更多的现金流。

人们常说，20% 的客户贡献了 80% 的利润，还有 20% 的客户实际上对企业造成了损失。这就是所谓的二八定律。二八定律是指在商业乃至生活的许多方面，往往只有 20% 的变因操纵着 80% 的局面。

如果有 20% 的客户确实给你的企业造成了损失，那么这种情况是如何发生的呢？其中一个原因是他们让你和你的员工浪费了大量时间。如果他们很难打交道，令人头疼；如果他们反应迟缓或不断更改要求，那么他们所消耗的员工时间就会使他们所贡献的利润远低于你的想象。

同样，他们可能会扰乱你的业务拓展方向。如果他们总是把企业拉向不同的方向，要求定制别人没有要求过的产品，想要特别的交互，那么他们就会分散你的注意力，使你无法专注于扩大成功业务模式的日常工作。

产品退货率高也会让客户给你带来损失。虽然最初的销售交易看似有利可图，账目系统也显示进账，但算上处理产品退货、补货的成本以及由此产生的"轻微瑕疵货"库存，就意味着资金的损失。这是网购业务中的一个常见问题，尤其是在服装等退货率非常高的领域——免费退货已经成为行业中的常态。

在所有这些情况下，如果把所有真正的隐性成本都考虑在内，利润率就会很低，甚至出现负利润率。而且，如前文所述，成本加成定价法存在的一个问题是，假定你确实知道当前的真实成本和总成本是多少，但实际情况往往并非如此。

除非企业是出于真正的战略原因，需要保留这些会导致亏损的客户，否则理性的做法就是将其淘汰。虽然这听起来很痛苦，而且拒绝客户似乎有违商道，但事实上，淘汰了这些客户，你和团队将大大提高生产能力，拥有更高效的工作环境。这些额外的时间和精力可以用于发现和提供新的机会，有望带来更多创造利润的机会。

鼓励反思

成本加成定价法存在的另一个问题（也可能是最大的问题）是，它鼓励企业着眼于内部而不是外部。它倾向于让企业进行自我审查，考虑自身的成本结构和赢利所需的利润率。与此相反，许多企业更应该关注外部环境，关注客户，努力更深

入地了解客户的需求，从而更深入地了解客户，了解如何为客户的生活增值。

因此，采用成本加成定价法的企业更注重自我审查，不太关注市场。他们往往不关注机会所在，而是专注于成本控制，更有效地运营工厂或发展生意。

这两种理念截然不同。一种是审视员工和内部流程，另一种是不断加深对客户和市场的了解。在大多数现代经济体和大多数新产品类别中，发现客户价值是企业的巨大潜在优势之一。着眼于这些优势，寻找新产品、新服务的新机遇以及让客户生活变得更美好的新方法，这不仅能带来短期增长，也是一种大有可为的中长期业务发展方式。

成本加成定价法分析有用吗

有些行业常常向客户"公开账簿"，即客户与供应商签订合同，要求供应商出示所有成本，供应商可按商定的"加价"来计算利润。在这种情况下，成本是透明的，使用成本加成定价法也是水到渠成的事情。值得注意的是，在合同制造等情况下，通常还有机会在合同期限内改善成本，如果供应商能够兑现承诺，那么这种假定的成本改善就是供应商价值的关键来源。

还有一些受到严格监管的行业，例如经认证的航空航天零部件供应。企业购买航空航天零部件并贮存待销，然后以商定的加价出售附带必要适航证信息的零部件——目的是让供应商收回成本并获得利润。对于安全关键型行业来说，这种体系的优势在于有库存的批发商没有动力通过采购更便宜的部件来承担风险，因为客户会在认可加价的情况下支付所有合理的成本。事实上，采购的部件越贵，有库存的批发商的单位利润就越高。

同样重要的是，成本加成分析在商业活动中也发挥着重要作用，即使与定价方面无关。在进行业务分析和编制管理账目时，了解哪些产品能够赢利，哪些产品与其他产品相比利润相对较高或较低仍然很重要。因此，从成本核算、预算控制和衡量的角度来看，了解这些利润和成本非常重要，所以这类分析可以发挥重要作用。

在本章中，我强调了以客户为中心的思维和客户价值思维的重要性，并且讨论了其他定价法及一些常见策略。我们将在下一章继续探讨这些主题，并对一些常见的假设提出质疑。

本章小结

- 传统的成本加成定价法已经不再适用于应对当今的许多挑战。
- 成本加成定价法错误地假设了精准的成本计算，也没有从客户的角度出发。

- 价格始终应该与客户价值挂钩，明确这一点将为采用多种定价法和进行购买环境的健康分析奠定基石。
- 竞争形势也是非常重要的补充视角。
- 要了解价值创造和分配的作用，就必须知道哪些企业的交换是综合式的，哪些是分配式的。
- 除了"合理性检验"，生产成本在定价决策中应该无关紧要。
- 企业通常会操纵客户参照点，利用情感价值以及其他一系列技术来达成特定的定价结果。

需要考虑的问题

价值"蛋糕"	价值基础定价法
你们的交换是综合式的还是分配式的？以何种方式进行分配？ 如果是综合式的，你如何才能扩大整体价值蛋糕？ 如果是分配式的，你如何才能分得更大的份额？	开展基于价值的定价活动 这与你当前的定价决策和战略相比有何不同？
	客户无利可图 哪些客户无利可图？ 如何才能淘汰这些客户？

本章练习

使用价值基础定价法。

第七章

挑战价格假设

如果企业家和商界领袖希望制定更准确的定价决策，他们通常需要重新审视自己对定价的观念，包括以下方面：

- 客户的价值来源——这些来源往往并不明显。
- 客户做出决策的方式与企业做出决策的方式相同——一些企业家和商业领袖常常误以为他人的思维方式与自己相同，而事实往往恰恰相反。
- 客户是一个同质群体——事实上，客户属于许多不同的细分市场，有各自的客户档案，他们的需求和偏好也各不相同。

为了校准这些设想，我们需要寻找新的参照点，通过调查研究和新科学的探索来揭示客户行为的实际基础。这正是本章的核心内容。我们在前文中了解到许多产品在制造工艺上相似，价格却相差甚远。我们将在这个事实的基础上继续深入探讨。其中一些观点或结论可能听起来违反直觉，甚至有些离奇，但重要的是开诚布公地讨论这些想法，并寻找其支撑证据。

在研究销售这一主题领域时，情况往往如此：并非每个机会都适合所有高增长企业。因此，你需要权衡哪个机会适合自己发展业务。

我们在前文了解到尽管有许多产品在外观和功能上相同，价格却相差很大。不过其中还藏着一个有趣的转折。

图 7-1 显示，许多产品可以通过在客户心目中塑造差异化印象来设定与竞品截然不同的价位。更有趣的是，当消费者从众多选择中购买高价产品，并被问及获得了多少价值时，他们表示与购买低价产品的消费者相比，自己获得了更多价值。这里强调的是"价值"，而不是"交易价格"。接下来，我们将对此进行讨论。

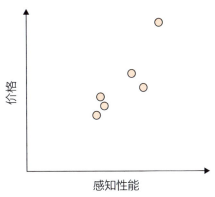

图 7-1 典型产品类别中的部分价位

价格作为价值信号

研究表明，价格越高意味着质量越好

有证据表明，客户会在潜意识中将价值与价格联系起来。简而言之，他们倾向于认为价格更高的东西更好。如果事实并非如此，我们就会看到很多例子：某些产品定价较高，但并不畅销，因为它们实际上不会比竞争对手的产品更具性价比（每个单位价格中蕴含的价值更高）。然而我们看到的情况是在某一类别中，最昂贵的产品通常卖得很好，有时最昂贵的产品也是最畅销的产品。

如今，大多数客户都时间紧张，因此他们倾向于使用启发法或经验法则来进行决策。其中一个常见的启发法就是将价格与价值联系起来。如果你是一个"典型"的消费者，又花了一些时间研究奢侈品或高档产品，你很可能会惊讶地发现，有些东西十分昂贵，甚至比你想象中要贵得多。显然，有人在购买这些不同类别的产品——这为我们提供了一些证据，因为有客户购买了这些产品，并且一定在购买后获得了价值。

以手提包为例。假设有 3 只手提包，售价分别为 100 美元、1500 美元和 2000 美元。这些手提包看起来都很吸引人，并且容易买到，这就向购买者传达了一个信息——这些产品很畅销，质量很好。因此，简单来说，人们可能会认为售价为 1500 美元的手提包比售价为 100 美元的手提包更好，而售价为 2000 美元的手提包比售价 1500 美元的手提包更好。然而，并没有任何证据或分析能支持这个结论，除了价格之外，没有其他信息可以帮助我们判断产品的真实价值。

换句话说，轶事证据在很大程度上表明，消费者将价值与价格联系在一起；或者换一种说法，价格越高，质量越高，价值越高。那么，研究中真的有证据可以证明高价格就意味着高质量吗？

已经有很多研究人员探讨过价格和质量之间的关系。斯廷坎普（Steenkamp）在研究中，对 413 个产品类别中的 6580 种产品进行抽样调查，比较了产品的性能、功能及其价位。该研究得出结论，尽管总体上存在与前文所描述的预期的性价比特征相符的情况，但价格与质量之间的相关性大多较弱，并非真正意义上的"一分钱一分货"。换言之，制造商往往以更高的价格出售产品或服务，却没有相应地提升质量或性能水平，这会令消费者感到十分失望。

斯廷坎普还建议采取一些有用的措施，帮助消费者成为更好的决策者，例如允许广告商对产品进行直接比较（这在许多国家是不允许的）以及对消费者进行教育。

对于差异明显或复杂的产品，消费者往往无法完全确定其购买的产品质量和功能。此外，由于品牌具有无形价值，消费者通常也无法在各个品牌之间进行"产品质量"的比较。研究表明，即使涉及的消费金额巨大，消费者也不会提前收集太多信息。以购房为例，人们在比较和选择住房时所投入的信息数据精力与其消费规模完全不成比例。相反，他们更容易受到一些主观的、成本相对较低的因素影响，例如室内装饰、漂亮的厨房、功能齐全的浴室、高端的家电以及其他与生活方式相关的因素。

此外，在许多文化中，"一分钱一分货"的观念根深蒂固。因此，消费者往往认为价格高就意味着质量好，即使客观研究表明事实未必如此。

研究让我们看到了各种消费者无法完全确定产品真实质量的情况，包括质量具有高度主观性的领域（如艺术或时尚领域）、创新产品（如新技术），或在购买前难以验证的属性（如"有机"等认证属性以及在长期体验下才能评价的产品，例如床垫）——在这些情况下，消费者可能会依赖价格等信号来形成品质认知。因此，许多企业都在这三种情况中寻找提高定价的机会。

维尔马（Verma）和古普塔（Gupta）在他们的研究中发现，对于像电视机这样的耐用产品而言，定价过低实际上会对产品的品质认知产生负面影响。他们的研究表明，消费者不太倾向于购买低价品牌，而适度提高价格则有助于塑造产品高品质的形象。同时他们也指出，定价者应该审慎考虑竞争对手的定价策略以及目标消费群体的购买力。

消费者的购买行为随时间改变了吗？埃坦·格斯特纳（Eitan Gerstner）得出结论，产品的实际质量与价格之间的联系在长期内非常薄弱：

> ……之前有研究者对价格与质量之间的关系进行了实证研究……这些研究都得出结论，产品的质量与价格的关系要具体情况具体分析，且总体上比较薄弱……

总的来说，这项研究支持了这样一个观点：制造商可能会以更高的价格销售产品，但在提价的同时不一定提高了产品质量。这一观点至少可以追溯到 1950 年。格斯特纳的研究结果与前面提到的研究结论一致。

至于这种现象随着时间的推移是增加了还是减少了，目前尚不清楚，不过一些观察家认为，在过去的 30 年里，人们的态度改变不大，这可能是由于信息过载日益严重，高价格越来越被视为高质量的象征，尽管客观事实并非总是如此。

"如果产品的质量难以评估，精明的营销人员往往会将价格定在较高水平，借此表明他们正在销售高质量的产品。这时候，你就应该花时间进行研究，试图理解质量的构成因素，这样你买到的就是最有价值的商品，而不是最昂贵的商品。"莱斯大学教授乌特帕尔·多拉基亚（Utpal Dholakia）说。

此外，根据夏皮罗（Shapiro）发表的研究报告，买家认为他们可以通过选择高价品牌来降低选择质量较差产品的风险。因此，价格在表明许多产品质量方面发挥着重要作用，有以下四个原因。

（1）**易于衡量：**价格是一个具体的、可衡量的变量。研究论文指出，在定价方面，产品的各项信息可以被视为一系列"线索"，消费者的任务是利用这些线索对产品进行评估。由于价格对消费者来说是一个具体、固定的因素（在大多数价格环境中，人们通常不会期望进行价格谈判），因此他们对价格的信任程度会高于其他大多数不大容易衡量的因素。有趣的是，如果价格谈判是常态，那么标价就不能像现在这样作为价值的象征。

（2）**精力和满意度：**消费者对产品的满意度在一定程度上取决于消费者在购买产品时所付出的精力——消费者可能会将金钱的支出视为类似于精力的支出。据说一些经济学家认为金钱代表了个人过去为赚取物质财富所付出的精力。因此，如果金钱支出与精力支出类似，消费者在选择产品时会考虑购买后的感受，那么他们花的钱越多，投入的精力越多，他们就越满意。

（3）**讲究派头：**这是一些人赋予某些产品和服务的溢价认可，因为它们足够昂贵。有人可能会喜欢更昂贵的产品，哪怕他们知道这些产品或许并不会比便宜的产品更好用，但昂贵的价格本身就是噱头。他们可能想跟亲朋好友夸耀财富，或是认为只有最贵的东西才配得上自己的声望和社会地位。

（4）**风险意识：**由于假定低价产品的质量较差而导致的

损失风险。为了降低这种风险，消费者会选择价格较高的产品。

人们普遍认为价格越高，产品质量越好

消费者经常会对某种产品缺乏充分了解，经济学家称之为缺乏完美信息。尽管信息有限，消费者仍然需要做出决策，因此他们会采用快捷方式和启发式方法进行判断。在时间紧迫或缺乏分析和客观信息的情况下，这一点尤为突出。简而言之，消费者没有足够的信息来真正判断产品是否更好，因此他们会形成这样的心理暗示：昂贵的产品一定比便宜的产品质量更好。

这在某种程度上类似于安慰剂效应。安慰剂效应是指医生给受试者服用一种不含活性药物成分的物质，并告诉他们这真的是一种药物。受试者服用安慰剂（通常是一些普通的物质，如淀粉）后，身体会明显感受到药物发挥了药效，就像真的服用了有效药物。已经有无数的医学试验证实了安慰剂效应。尽管这种现象难以解释，但它表明，即使没有摄入真正的药物，身体的修复机制似乎也会因为有了对"药物"起效的期望而受到刺激。

来自斯坦福大学商学院和加州理工学院的学者们对受试者进行了测试，邀请他们品尝不同的葡萄酒，并根据研究结果完成论文《营销行为可以调节神经对愉快体验的反应》（*Marketing Actions Can Modulate Neural Representations of*

Experienced Pleasantness）。他们解释说，经济学的一个基本假设认为消费一种商品所带来的愉悦感，只取决于商品的内在属性和个人的状态。因此，从理论上讲，饮用一种饮品所产生的愉悦感应该只取决于饮料的成分和饮用者的口渴程度。然而，他们的论文引用了以往的研究，指出市场营销行为通过操纵产品的非内在属性来影响消费者的愉悦感——例如，对葡萄酒成分和品牌的了解会影响报告的口感质量。

在这项研究中，20 名受试者品尝了 5 种不同价位的赤霞珠葡萄酒，分别为 5 美元、10 美元、35 美元、45 美元和 90 美元，并被要求对葡萄酒的口感进行评价。这些葡萄酒被随机排序。受试者不知道的是，有些葡萄酒实际上是完全一样的——5 美元和 45 美元的葡萄酒实际上是同一款酒（这款酒的实际价格是 5 美元），10 美元和 90 美元的葡萄酒实际上是同一款酒（这款酒的实际价格是 90 美元）。

研究结果令人震惊，不过，你大概已经猜到了答案。受试者普遍认为标价越高的葡萄酒味道越好。在两份同品异价的葡萄酒中，受试者对于标价较高的葡萄酒的评价要好得多（平均评分约是标价较低的葡萄酒的两倍）。

在随后的测试中，研究人员隐去价格信息，再次邀请受试者进行评估。结果显示，受试者对于那两种相同的葡萄酒给出的评分大致相同——这并不令人意外，因为它们实际上是同一款酒。所以，受到是否看到了价格信息以及不同的价格档次的影响，受试者的感受大相径庭。

同样，由于缺乏易于使用的证据（显然他们的味觉不能作数），大脑似乎会承担起这一任务，将价格作为质量的替代物来填补证据空白，做出"价格决定质量"的判断。研究确实支持这样一种观点，即在向客户提供类似产品，并将价格作为主要区分因素的情况下，客户可能会产生一种价值感；或者如前所述，提升客户比较不同产品或服务的难度，也可能会产生这种价值感。

研究表示，较低的价格可能表示物有所值，也可能表示产品质量较差；而较高的价格可能表示性价比低，也可能表示产品质量较高。由于消费者通常无法获得完整的信息，因此在决定购买哪种产品时会使用各种策略来填补信息空白。这项研究提供了一个鲜明的对比示例，即消费者可能会认为畅销产品质量较高，同时也认为稀缺产品质量较高。因此，特别是在采取价格领先战略（即定价较低）时，消费者可能会认为低价格意味着质量较差，因此需要谨慎权衡。有研究者举了零售商彭尼百货（J. C. Penney）的例子，他们发现其广告中宣传的"天天低价"导致品牌价值下降，并疏远了消费者，因为消费者认为低价格等同于低质量。

《哈佛商业评论》上有一篇文章，《为什么你的收费应该高于你对自己的价值判断》（*Why You Should Charge More than You Think You're Worth*）：

　　……本文作者凯文·克鲁泽（Kevin Kruse）在几年前想聘请一位演讲者，却意外学到了关于了解自身价值的一课。当时，克鲁泽正在经营一个非营利性生命科学协会，他的工作是组织年度大会。董事会已经定下了主讲人的人选。这位主讲人是一位《纽约时报》畅销书作家，拥有常春藤联盟博士学位、备受大众关注。尽管克鲁泽有 3 万美元预算，但他并没有把握可以请到这位主讲人。

　　可是在克鲁泽打电话给这位作家时，对方报出了一个令人震惊的低价：3000 美元。克鲁泽说："从这位作家的履历来看，他有很多成功标签，我们很乐意支付他要价的 10 倍。"对方的要价令克鲁泽感到困惑，他想知道这位作者的低价是否让他丢了很多合作机会，合作方可能会认为他是个缺乏经验的舞台新秀。价格往往代表着质量，如果你把自己的价位设定得过低，就意味着你不确定自己具有更高的价值，或者根本没有价值。这两种情况都会让潜在客户感到不安……

　　因此，越来越多的证据表明，人们在购买时更加看重价格昂贵的产品，前提是他们有足够的经济实力。这一有争议的观点揭示了当今人们对于高价产品的重视程度。

　　至少在 B2B 领域，造成这种现象的一个可能原因是，客户本能地知道如果向供应商支付更多费用，供应商就更有可能生存下来，并开发更多的产品和服务。同时，客户可能认为支付更多的费用意味着成为供应商"成功故事"的一部分，客户在某种程度上成为企业成功的参与者。品牌和情感价值的存在也是这种价值定位的重要组成部分。

"确实很贵"

1991—2002 年，英国流行文化中有一个有趣的例子：比利时时代啤酒（Stella Artois）的一个热门广告活动。该品牌围绕"确实很贵"这一口号开展了大规模的电视广告活动。许多广告将该啤酒定位为高端奢侈品，并标出了与之匹配的价格。与其他出口烈性啤酒相比，该品牌啤酒此前在市场上一直处于常规地位。将啤酒定位为高价产品，意味着该产品必须具备高品质，成为众人追捧的饮品，从某种程度上可以表明饮用者是成功人士。据广告智能平台广告品牌网报道：

"……在美国和加拿大也有类似的概念，但口号不同，口号为'完美需要代价'……"

这则广告以及其传递的信息取得了巨大的成功，在广告播出期间极大地带动了销售，使得时代啤酒成为英国最畅销的高档啤酒之一。有趣的是，它不仅吸引富裕阶层，而且在所有社会人口阶层中普遍具有吸引力。这些广告在 2002 年获得了多个奖项，包括备受广告业追捧的戛纳金狮奖，是当年获奖数量最多的广告活动。

邀请客户参与价格测试

另一种有用且高级的方法是与真实客户一起进行价格测试。这种方法的优势在于可以在真实环境中与真实客户一起测试其实际购买行为，并由客户解释其基本行为。

《哈佛商业评论》的另一个例子展示了企业如何使用价格测试，来揭示市场动态和解释真实的客户行为。

……玉兰油（Olay）的研发经理乔·利斯特罗（Joe Listro）解释了测试过程："我们开始以 12.99 美元到 18.99 美元的高端价位测试玉兰油新产品，所获结果大相径庭。12.99 美元的价位获得了积极反响，购买意向率相当高。但大多数表示希望以 12.99 美元购买的消费者都是大众购物者。很少有在百货商店消费的购物者会对这个价位感兴趣。从根本上说，我们是在从渠道内部向上营销。

"到了 15.99 美元，购买意向急剧下降。

"到了 18.99 美元，购买意向又回升了，而且回升幅度很大。因此，就预期收益而言，12.99 美元的产品销量不错，15.99 美元的产品销量不理想，18.99 美元的产品销量很好。"

研发团队了解到，18.99 美元的价位让消费者从著名的百货商店和专卖店转向折扣店、药店和杂货店购买玉兰油。这个价位刚好传递了正确信息。对于去百货商店的购物者来说，该产品物超所值，但价格仍然不菲。对于大众购物者来说，溢价意味着该产品一定比货架上的其他产品都要好得多。相比之下，15.99 美元的价位则无人惠顾——对于大众购物者来说，这个价格昂贵却没有体现出差异化，而对于高端购物者来说，价格又不够高……

这是一个很好的例子，在现实世界中的许多情况下，高价位都有一个"甜蜜点"，客户会对此做出非常积极的回应，"甜蜜点"实际上会增加客户的购买倾向。对于企业管理者来说，这种想法可能与直觉相悖，而且也很难预测。因此，测试市场是发现这种甜蜜点的最佳方法之一。

✐ 练习：设计市场实验

市场实验解答那些本来难以解决的问题。例如，A/B 测试是一种利用市场来回答难题的简便方法，如"在 A/B 两种营销电子邮件设计中，哪个更有可能成功？"

简单的 A/B 测试会让一小部分客户样本试用每种设计，并测量两个样本的结果。成功率较高的"获胜者"将被用于更大的数据集。相比之下，回答这个问题的传统方法要复杂得多，也不太可靠——分析两封邮件的内容，并试图将其与受众画像匹配，以预测哪封邮件会更受欢迎。

市场实验的设计类似于我们许多人在学校科学课上的实验过程：

（1）**设定目标**——实验目的是什么？

（2）**设计方法**——进行实验需要哪些步骤？实验预算是多少？

（3）**记录结果**——收集了哪些结果或测量数据？

（4）**结论／我们发现了什么**——实验得出了什么答案？

上面玉兰油的例子表明，价格测试可以揭示隐藏的客户偏好和价值认可类型，但你可以设计一个实验来回答不同类型的问题。

可以使用表7-1的设计实验。

表 7-1　价格测试实验

	填写下栏	注
设定目标	i.	实验目的是什么？
设计方法	i. ii. iii. iv. v.	开展实验和实现目标需要哪些步骤？ 有多少可用预算？
记录结果	i. ii. iii. iv. v.	如何设置测量流程？ 收集了什么结果或测量数据？
结论／发现		实验得出了什么答案？

指导：在互联网上搜索一下，就能找到各种企业进行市场测试的例子。如果没有其他办法，可以从经典的 4P 营销理论——价格（尝试不同的价位）、渠道（尝试新的分销方法）、产品（调整产品信息或属性）和推广（测试不同的广告方法）中任选一个要素进行测试，并衡量结果。请注意：进行单一市场测试可能非常有价值，但建立一个系统或流程，为经常性测试提供资源和进行测试，可以消除对客户行为和偏好的不确定性，这是帮助企业扩大规模和实现增长的极具益处的工具。

大脑扫描：理性和非理性共同决策

让我们再回顾一下之前提到的斯坦福大学商学院和加州理工学院的研究。你可能还记得，受试者在接受测试时，每人随机抽取 5 种不同价位的葡萄酒进行品尝，并被要求描述这些葡萄酒的口感如何。受试者不知道的是，有些葡萄酒实际上是完全一样的——标价 5 美元和 45 美元的葡萄酒实际上是同一款酒（这款酒的实际价格是 5 美元），标价 10 美元和 90 美元的葡萄酒实际上是同一款酒（这款酒的实际价格是 90 美元）。在没有提供价格信息的情况下，受试者无法区分 5 美元和 45 美元的葡萄酒有何区别，也无法区分 10 美元和 90 美元的葡萄酒有何区别，并对它们打出了相似的分数——这并不奇怪，因为这些酒都是一样的。相比之下，当得知葡萄酒的价位时，他们会表示对价格较高的葡萄酒更加满意。类似的现象已被不同的研究人员多次验证。而这项研究的下一阶段更加有趣，再次颠覆了我们的认知。

研究人员利用功能性核磁共振成像（fMRI）和脑电图（EEG）对受试者进行了测试。在受试者品尝葡萄酒时，他们对受试者的大脑进行了扫描。研究包括了两组葡萄酒：一个对照组和一个实验组。受试者认为这两种葡萄酒是不同的，并且价格也不同，不过现实情况恰恰相反。研究结果显示，对于两组同品异价葡萄酒，较高的价格不仅增加了受试者对风味愉悦感的主观评价，还会增加内侧眶额皮质（大脑中负责调节血氧水平的区域）的血氧水平依赖性活动——人们通常认为这一大脑区域是实际体验愉悦度的编码区。

图 7-2（a）——喜好程度：受试者对葡萄酒的总体喜好程度随着价格的增加而增加。5 美元和 45 美元的葡萄酒是同一款酒，但标价 45 美元的葡萄酒得分约为前者的两倍。同样，10 美元和 90 美元的葡萄酒是同一款酒——标价 90 美元的葡萄酒得分是前者的两倍。

图 7-2（b）——浓郁度：有趣的是，受试者认为标价 5 美元的葡萄酒和标价 45 美元的葡萄酒具有相同的浓郁度——因为它们是同一款酒。同样，标价 10 美元和标价 90 美元的葡

萄酒也是如此。

图 7–2（c），即价格信息未知时的"喜好程度"与图 7–2（a）
相反，在没有价格信息的情况下进行的第二次品酒中，受试者

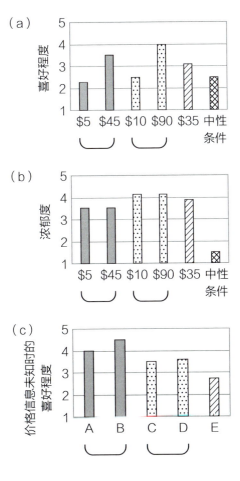

图 7-2　葡萄酒反馈得分

的"喜好程度"得分在 A 和 B 之间大致相同，在 C 和 D 之间大致相同——每对同品异价葡萄酒确实完全相同。

尽管 5 美元和 45 美元的葡萄酒实际上是一样的，10 美元和 90 美元的葡萄酒也是一样的，但受试者显然更喜欢价位高的葡萄酒。

图 7-3 显示了在品酒过程中，两对同品异价葡萄酒引发

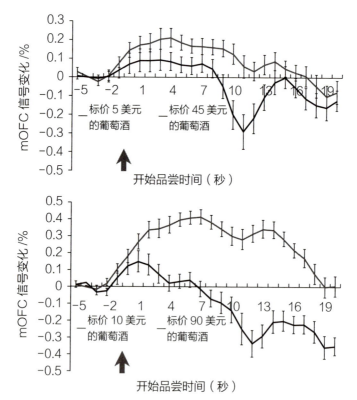

图 7-3　在品尝标价较高的葡萄酒时，受试者大脑中的物质奖励增加了

的受试者内侧眶额皮质活动情况。图中显示，尽管"标价 45 美元的葡萄酒"和"标价 5 美元的葡萄酒"是同一款酒，但受试者在品尝"标价 45 美元的葡萄酒"时大脑活动较频繁。标价 90 美元和标价 10 美元的葡萄酒的测试结果与上面的结果一致，尽管"标价 90 美元的葡萄酒"和"标价 10 美元的葡萄酒"是同一款酒，但受试者大脑的活动性在品尝"标价 90 美元的葡萄酒"时却更高。

这一显著结果表明，尽管品尝的葡萄酒相同，但标价越高，受试者大脑中的实际活动就有更大差异。这表明，价格的提高使得受试者从相同的红酒中获得了更多的大脑物质奖励。这一发现比受试者因为葡萄酒被描述得更昂贵而报告其口感更佳的情况更为重要。既然价格越高，物质奖励就越多，那么非理性的决策中也许确实存在理性的成分？

20 世纪 70 年代，诺丁汉大学教授彼得·曼斯菲尔德（Peter Mansfield）和保罗·劳特布尔（Paul Lauterbur）共同研发了核磁共振成像仪。他们的创新发明为人类创造了巨大的利益，并因此获得了 2003 年的诺贝尔生理学或医学奖。越来越多的人认识到，功能性核磁共振成像和脑电图等技术为诊断和测量消费者对不同购买决策或广告的反应提供了更可靠的方法。这些测试可以在小范围内进行，最后可以更广泛地应用于市场或营销人员的决策中。

测量实际身体反应的一个关键优势是可以避免传统市场

调研中的一些问题。在传统市场调研中，参与者可能会错误地报告他们对某些事物的偏好或反应（因为他们没有真正接触到他们所做的决定），或者参与者不愿意向研究人员表达自己的真实感受（这可能是受社会压力影响，他们倾向于表达自认为该说的话，而不是他们的真实想法）。

本书其他章节也涉及了"启动效应"这个概念，在"新可乐"事件中，传统市场调研的普遍不稳定性表现得更为明显。20世纪80年代，可口可乐的市场份额被发展势头迅猛的百事可乐攻占。百事可乐当时采用了一种效果很好的营销方法："百事挑战"。

在这项挑战中，受试者需要在电视摄像机前盲尝可口可乐和百事可乐。通常情况下，可口可乐的拥护者在盲品测试中，往往会选择百事可乐而非可口可乐。在电视广告中，可口可乐的忠实拥护者受邀参与盲品测试，结果发现自己选择了百事可乐，这让他们非常震惊。可口可乐公司深感受到了威胁，于是重新配置了可口可乐的配方，创造了所谓的"新可乐"——一种在同样的盲品测试中可以与百事可乐相媲美，甚至击败百事可乐的新配方。据说，新配方的可口可乐更甜一些，在口感挑战中可以战胜百事可乐。

新可乐在正式推出后马上惨败。可口可乐的忠实拥护者愤怒了，因为他们想要的是那款原汁原味的"可口可乐"。这场风波让可口可乐公司匆忙重新推出了"经典可乐"。后来，

"新可乐"悄然退出历史舞台，再也没有出现过，而"经典可乐"再次改名为"可乐"。可口可乐公司曾经备受推崇，然而"新可乐"事件引发了严重的后果，企业高级董事会不得不公开道歉。

在这一案例中，可口可乐的举措破绽百出，好在他们最终迎来了意想不到的一线曙光。就其失败之处而言，他们在技术研究方面存在一些问题：没有认识到喝一小杯饮料与喝一整瓶饮料是不同的，喝一整瓶饮料时味道会在味蕾上不断叠加。研究人员也没有认识到，可口可乐的消费者并不是在一个带有表演性质的环境中（例如在摄像机前）面对观众饮用可乐，而是在家里或餐厅里喝可乐。他们没有认识到，产品的忠实拥护者难以接受突然被告知这个产品发生了重大变化。更重要的是，他们没有认识到不同可乐产品在口感上的微小差异相对于包装上的文字（品牌和信息）而言并不那么重要。消费者购买可口可乐主要是因为该品牌所传递的情感价值以及他们与品牌建立的长期关系。因此，隐藏品牌信息使得百事可乐挑战的盲品测试在现实世界的价值参考方面完全没有意义。否则，人们肯定会选择价格更低的普通可乐。

对于可口可乐公司来说，还是有一个小小的好消息，即当企业反复出售同一产品的多个版本时，他们会发现一些令人惊讶的现象：可乐总销量上升了。进一步的试验表明，他们向市场提供的可乐类型越多，销量就越大。这似乎说明，产品的

多样化以某种方式增加了消费量。这也许就解释了为什么如今市场中有十多种不同品牌的可乐可供选择。

巴黎品酒会

1976 年的巴黎品酒会是葡萄酒历史上的一个重要事件，也是研究人类决策的一个有趣案例。当时，人们公认法国葡萄酒是世界上最好的葡萄酒，许多著名的法国酒庄都代表了酿酒业的巅峰。

1976 年，一位英国葡萄酒商在巴黎组织了一次葡萄酒比赛，邀请了 11 位著名的法国品酒师品尝来自法国和加利福尼亚的精选葡萄酒，并对它们进行比较和排名。这次品酒会采用了盲品比较的方式，也就是说品酒师并不知道自己品尝的是哪款酒。人们认为这是比较葡萄酒最公平的方法。在了解新可乐事件之后，你或许已经能够猜到接下来会发生什么了。

评委们品尝了来自美国加利福尼亚和法国的一些最负盛名的红葡萄酒和白葡萄酒，并给出分数（满分为 20 分），然后提交评分。

比赛评分的结果令所有人瞠目结舌——一款来自加利福尼亚的葡萄酒在红葡萄酒和白葡萄酒类别评比中均排名第一。法国葡萄酒行业和法国品酒师对这一结果感到震惊。人们当时

认为这是个巨大的丑闻，这个结果至今仍然具有争议性。

1978 年，在美国举行了同样的品酒会，美国葡萄酒再次在两个类别的评比中排名第一。1986 年，在法国烹饪学院（纽约）用同样的红葡萄酒又进行了一次测试，结果相同。

许多批评者对于评委们品尝和评分的方式提出了质疑。无论一个国家的葡萄酒是否比其他国家的更好（一些人指出，新大陆的葡萄酒往往比旧大陆的更受欢迎，这或许能解释品酒会的评分），我们至少可以从这一事件中得出两点启示。

第一，在现实生活中，没有人会买 10 款甚至 20 款葡萄酒，然后从中挑选最好喝的一款，因此这个测试机制和品尝方式在设计上存在一定缺陷。第二，更为重要的是，去除一款具有历史价值的优质葡萄酒上的品牌标签会使产品的意义大打折扣。正如我们在新可乐和本章的其他案例中所看到的，大脑对品牌、品牌传统和其他信息的认知，与对实际物理属性（如口感）的认知同样重要和真实。

客户不是理性的决策者

从许多研究中可以看出，消费者并不理性，尽管他们通常认为自己很理性。许多企业家和商业领袖对他们的客户也犯了同样的错误。

丹尼尔·卡尼曼在《思考，快与慢》一书中解释说，虽然大脑的意识系统 2 认为自己在控制一切，但实际上是行动更快的潜意识系统 1 制定了很多决策。然后，系统 2 会解释自己为什么会做出这样的决定，往往会在事后为系统 1 做出的选择辩解。

因此，受本能驱动的系统 1 制定了很多决策，而随后的分析会表明这些决策在纯粹逻辑的角度来看，实际上缺乏逻辑性或考虑不周。

已发表的研究报告中引用的许多案例都发生在 B2C 领域，消费品与客户决策相互作用。然而，同样，B2B 领域的交易也不像人们通常认为的那样理性，因为参与者在这一过程中难免会受到情感左右。价值通常是定性的、解释性的、主观的，而不是定量的、客观的。B2B 市场的参与者可能试图更加理性，更加注重以流程为基础，但参与者仍然难以摆脱情感的影响。

此外，大多数经理和商业人士（与大多数人一样）从小就受到广告的影响，使他们倾向于按照产品企业希望的方式思考，这也改变了他们的决策方式。在 B2B 中，决策者被假定会选择最佳选项来满足采购需求，但这些采购流程往往被认为是为了满足采购决策者的需求而重新设计的——通常是为了让他们的生活更轻松，这是一种可以理解的人类特质。这就为精明的市场营销人员或价格制定者打开了方便之门。

古典经济学制定了一个框架来预测自由市场中作为自由决策者的理性消费者的决策过程。以餐厅为例，食客会根据菜单上不同菜品的价值、他们的健康状况或饮食需求以及他们的饥饿程度做出理性选择。但是人们普遍认为，大多数食客会根据他们对某些食物的感受来决定吃什么。这种想法蔚然成风，以至于在过去30年里，通过品牌传播的发展，情感和情感价值在很多方面都成为市场营销的前沿。

什么是情感价值

情感价值是导致客户为特定产品支付高价的原因之一。这种情感价值有时也被称为品牌价值。那么，什么是情感价值？

作为一种无形元素，情感价值在当今的产品中扮演着重要的角色，它是个人或组织从与特定类型的购买决策相关联中获得的回报。例如，人们购买苹果产品和其他高端产品，往往是因为这些产品给他们带来了良好的情感体验。这是定义情感化设计产品的一种有效方式——情感化设计产品让人们对自己、对他们在情感背景下做出的决策感到更好。

这与功能性产品或基本产品形成了鲜明对比，功能性产品或基本产品只是为了完成某种任务而购买，因此在进行竞争性比较时会受到更严格的性价比审查——因为纯粹功能性的产品更容易进行比较，而情感性产品则相对难以比较。

就奢侈品而言，几乎所有的奢侈品都附带了很大的情感

价值。这种情感价值可能体现在相关品牌上，也可能隐含在购买决策中。比如万宝龙钢笔、奔驰汽车、路易威登手袋，它们都有一个基本的共同目的，就是让购买者感觉更好。

企业领导者发现，增加利润并进一步在竞争中脱颖而出的一个最佳方法，就是想方设法通过产品增加和提供情感价值。这反过来又能够带来更为成功的效果，令客户在比价购物时愈发困难，从而融入客户大脑中那至关重要的决策过程中。

我们在前文也看到了这一点，当时我们探讨了本质上相同的产品所占据的不同价位。如我们所见，这些产品之间唯一的区别在于包装、品牌和相关的情感价值。

回想前文关于分配性交易和综合性交易的观点，注入更高的情感价值是销售商创造更大价值蛋糕的关键方法之一，使原本"有赢有输"的分配性交易变成更大的"双赢"综合性交易。

客户追求的是价值，不是性价比

已知在许多客户心目中价格与质量成正比。然而，客户真正想要的是什么呢？我们往往认为，所有客户都是理性的"思考机器"，会主动进行性价比分析，并将产品与替代品进行比较，以寻找性价比的"甜蜜点"。

不过真实情况是，客户常常"偷懒"，考虑的是价值而非性价比。举个例子，假如在购买笔记本电脑时，我们有定价400 美元的经济型笔记本电脑、定价 1000 美元的笔记本电脑和定价 3000 美元的笔记本电脑三个选择（见表 7–2）。

表 7-2　三款笔记本电脑价格

笔记本电脑 A	400 美元
笔记本电脑 B	1000 美元
笔记本电脑 C	3000 美元

我们可以将实际性能与价格进行对比。假设三者运行相同的操作系统，主要区别在于其内存量和速度，以及重量、网络摄像头和屏幕的优化（见表 7–3）。

表 7-3　三款笔记本电脑性能对比 ❶

	400 美元	1000 美元	3000 美元
文字处理	***	***	***
远程工作	**	**	***
电子表格	***	***	***
电子邮件	***	***	***
网页浏览	***	***	***
无线联网	***	***	***

---

❶ 符号"*"越多代表越好。——编者注

合理定价巧赢利

续表

	400 美元	1000 美元	3000 美元
观看影片	**	***	***
电池寿命	**	***	***
重量	**	***	***

我们可以将其表示为图 7-4，显示每台笔记本电脑的总得分，还要加上一个选项——没有任何功能可用的情况，也就是"无笔记本电脑"。

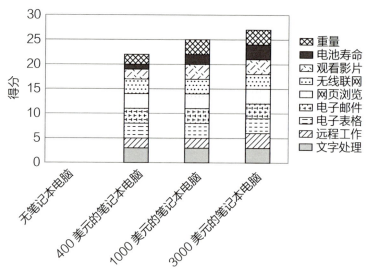

图 7-4　得分汇总：越贵的笔记本电脑功能越强

比较一下三款笔记本电脑的性能，它们真的存在很大区别吗？事实上，最便宜的那款笔记本电脑几乎具备了最贵的那款笔记本电脑的所有功能，而后者的价格是前者的 7.5 倍。

同样，我们可以得出从最便宜的选项（无笔记本电脑）到 400 美元的笔记本电脑、从 400 美元的笔记本电脑到 1000 美元的笔记本电脑、从 1000 美元的笔记本电脑到 3000 美元的笔记本电脑的价值得分变化情况（见图 7–5）。

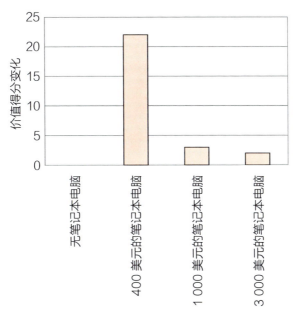

图 7-5 价值得分与上一类别相比的变化：价值增幅最大的是从无笔记本电脑到 400 美元的笔记本电脑

三款产品的价值得分变化情况一目了然，但从价值增长的角度来看，从一开始就配备一台配置基础但功能强大的笔记本电脑，比逐步提升笔记本电脑的价值更有意义。从这种高度理性的分析来看，400 美元的经济型笔记本电脑无疑是性价比最高的选择。当然，这种分析没有包括品牌名称和对设备外观和手感的期望等无形因素，所有这些都为情感价值的增加做出了巨大贡献，从而影响了拥有体验。

如果消费者真的追求性价比，那么即使在富裕的西方经济体中，绝大多数产品的销售价格会超过其所属类别或细分市场的最低价格点，因为这样才能成为最具性价比的选择。情况通常并非如此。然而，越来越清楚的是，客户并不仅追求理性逻辑上的物有所值，尽管他们可能自认为如此。他们真正寻求的是在自己能够承受的价格范围内获得的价值，这完全是两码事。这种价值通常包含了很多情感成分。可以说，价值就是客户制定购买决策所需的信息提供者。

现在更清楚了。对于客户来说，追求价值是一个关键目标，他们不是仅仅追求性价比。而对企业家或商业领导者来说，了解价值对客户的意义是他们的关键目标之一。

一位成功的连锁餐厅经营者根据三个因素反思了他们如何制定价格：

……我们根据三个因素来设定价格：首先，也是最重要的，是感知价值，然后是市场定价，最后是 25% 的成本检查。

感知价值在于创造具有体验性的餐厅产品和服务，这些产品和服务与众不同，能给食客提供额外的价值。这可能包括在餐桌上现场烹制菜肴、与客户互动、提供参与感、摆盘精美、营造温馨或高雅的用餐环境。还有打造差异化以及提供独特和令人难忘的体验。

市场定价很重要，因为每家餐厅都在自己的本地市场上经营，而每个本地市场都有其独特性。一个城市中的各个餐厅会承担不同的成本，根据当地的人口结构，外出就餐的市场价格也会不同。因此，我们要评估竞争对手提供的服务及其定价方式，以确保在客户进行比较时保持竞争力。他们可能会比较一杯红酒的价格，所以重要的是培育价格竞争点，以便在食客比较时占据优势。对于没有基准或不易比较的菜品，我们的定价可以更加灵活。

最后是 25% 的成本检查——我们要检查菜肴的材料成本，不得高于售价的 25%。否则，为了餐厅正常运转，我们需要提高售价、减少分量，或者彻底取消这个菜品。

我们发现，有些客户只追求低价消费，而有些客户对价格的敏感度要低得多。我们的重点是吸引后者，向他们释放信号。

餐厅的菜单旨在为食客提供多样选择，并覆盖不同的价位范围。许多食客不会选择菜单上价格最低的菜品，可能是因为担心分量过少或无法满足他们的需求，因此我们可以相应地进行价格定位。同时，我们也提供一些高端价位的选择，特别是像葡萄酒这样易于储存的商品，以满足那些愿意奢侈消费的客户需求。

在大城市，餐饮行业的市场状况良好。然而，在小城镇，尽管周四至周日的市场状况良好，但周一至周三的市场状况仍然严峻。在小城市，每逢周一到周三，餐饮行业总是会提供价格折扣。因此，我们通过前台工作人员提供连带销售和追加销售选项，鼓励食客多花一点钱。这些交易的重点是高利润的大众菜肴。

客户体验（CX）的兴起

全球经济联系日益紧密，这意味着买卖双方都有了更多选择。人们可以自由获取更多的信息，更容易进行价格比较，破坏性的价格竞争日益加剧。这也意味着随着产品功能趋同和标准化，商品化的速度也在加快。

我们正处于信息革命中，这场革命给一些行业带来了深远的影响。在传统情况下，买方常常缺乏做出最佳选择所需的信息，而卖方则处于主导地位。在当今时代，信息不对称被打破，数据获取更加便捷，信息透明度更高，传统的商业模式在许多行业已经过时了。用扑克牌打个比方，这就好比每个人都看到了你手中的牌，你却仍然希望公平地继续游戏。这种想法类似于经济学中的有效市场模型，如果市场真的有效，边际利润就会趋近于零。

在更广泛的背景下，一些企业正在从分销模式转向综合模式。在这种模式下，其中关系变得越来越不那么交易化，不再以价格发现为基础，而更加注重价值发现——特别是如何增加附加价值。在这种情况下，过去十年来最有趣的发展之一就是客户体验日益重要。对于追求差异化竞争、没有价格压力的高增长企业来说，客户体验是他们成为区别自己和竞争者的一项主要策略（特别是在产品同质化的行业中，即所有企业所提供的产品基本相同的情况下）。

《哈佛商业评论》进行的一项研究调查了 2003—2013 年全球范围内的 6000 起并购交易。研究表明，如图 7-6 所示，在这 10 年间，客户价值在企业总价值中所占的比例显著增加，从最初的约 9% 增长至 18%。从某种程度上来说，这种增长可

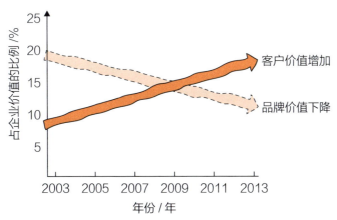

图 7-6　品牌价值的下降与客户关系的崛起

以被视为客户忠诚度的体现。与此同时，同样的指标显示，品牌的物理属性（如商标、产品名称和官网刊头）在同一时期减少了一半。因此，这项研究强调了另一种观点，即情感价值和关系的重要性正在上升，尤其是在招徕和留住客户方面。

那么，什么是客户体验？客户体验是个人对于一家企业的产品或服务互动体验的主观感受，涵盖了购买前的过程、购买过程本身以及购买后的反思。重要的是，这是一种定性而非定量的体验，因此个人可以通过感官和心理能力来感知。因此，客户体验与产品或服务本身的功能关系不大，更多关注产品或服务的运作方式。客户体验与"个人"息息相关，因为企业本身没有感知能力，有感知能力的是企业中的每个人。

简而言之，客户体验就是客户（或潜在客户）对于企业如何对待他们的感知。因此，客户体验通常是为产品或服务增加情感价值的重要途径。在某些行业中，客户更倾向于选择最简单、最能满足个人需求且价格适中的选项，而非理性选择所建议的产品。

传统上，经济学家开发了一些工具来帮助解释在困难或复杂环境中的客户决策，因为在这种环境中可能存在许多标准。这些所谓的多属性决策模型从各个方面进行了考量，有时还采用加权法来帮助客户做出决策。然而，这些理性的决策模型并不总能解释实际的客户行为。客户体验表明，客户的选择往往是最简单或最令人愉悦的，而不是最理性的。

苹果公司

说起企业发现客户价值并为其提供服务的典范，就不得不提苹果公司，他们因此赚得盆满钵满。在撰写本书时，苹果公司拥有超过 2500 亿美元的现金储备（现金和现金等价物）。苹果公司拥有如此巨额的现金，足以证明其溢价定价、利润和经营策略的成功。

苹果公司专注于提供高端产品，其产品通常是市场同类产品中最贵的。他们通过溢价定价策略吸引了一批忠实的客户群体，他们看重苹果产品易于使用的技术、前卫的设计风格、简约的时尚感以及出色的客户服务。苹果公司的产品并不一定是功能最强大的，也不一定是性能最优越的，他们真正擅长的是为客户创造情感价值，并通过收取高价来强化这一点。

因此，相较于一般的品牌制造商，苹果公司能够保持健康的利润率并积累巨额利润，都得益于收取高溢价，而这明显体现在其巨大的现金储备中。当然，这一切都归功于苹果公司强大的价值主张和可持续的竞争优势。

想花更多钱

消费者营销为我们提供了许多例子，说明企业如何将定

价范围扩大到高端水平。

20 世纪 80 年代后出生的人在品牌消费产品环境中长大，这些产品依赖于根深蒂固的情感价值驱动因素。想想苹果手机、脸书和照片墙（Instagram）在利用照片和视频进行传播方面所取得的成功，再想想现代网络游戏、品牌咖啡店和运动服装品牌的成功案例。

许多产品类别的价格范围已经显著扩大。25 年前，有谁能预料到这种定价是同类"最高性价比"产品的 5 倍甚至 10 倍的产品，会受到普通消费者的疯狂追捧？

例如，定价超过 1000 英镑的平板电脑，其价格是大品牌供应商同类产品中最便宜设备的 10 倍以上；定价 1500 英镑的"消费型"数码单反相机，其价格是同类产品的 5 倍；定价 4000 英镑的山地自行车，其价格是同类产品的 20 倍。环顾四周，这些价格差异在今天都是常态了。

问题不在于消费主义的疯狂，而在于上述所有产品所提供的情感价值远超其功能价值，这就是"新常态"，这是年轻一代和营销人员能理解的环境。

调整思维方式

中小型企业的领导者在回顾自己的创业过程时，常常强调创业经历如何塑造了他们的思维。在创业初期，他们通常会推出一个新产品，在市场中发布。有时候客户可能会拒绝这个产品，于是企业就持续不断地对该产品进行改进，直到最终成功将其销售出去。如今，中小型企业变得更加谨慎，因为他们意识到销售新产品并不总是那么容易。因此，他们自然而然地选择压低价格，认为这有助于实现销售目标。

大型企业在发布新品时也面临类似的情况。产品发布就像一场未知的旅程。绝大多数证据表明，这些产品要么彻底失败，要么无法达到最初设定的目标。任何一家成功的企业都会积累许多失败的经验，因此需要谨慎行事，降低企业和相关管理人员承担的风险。降价似乎是对市场抵触的一种保护措施，与此相关的问题已在本书中讨论过了。

因此，有必要调整这些受过产品发布折磨的人的思维方式。许多中小企业主表示，从零到一百万美元的销售额可能需要耗费他们数年时间和大量的心血。这一过程中的重重困难往往会让创业者如履薄冰，不愿意浪费精力去争取客户，因此他们认为最好保持低价。这就是我在前文提到的认知偏差，即对价值主张的信心以及担心无法获得足够的业务来支付所有管理费用和其他相关成本。

有证据证明，那些能够克服创业初期困难或以往失败所带来的过度谨慎心态的人，更愿意接受创业思维，并抓住溢价定价和更高利润率所带来的重要机遇。

值得注意的是，并非所有高增长企业都有上述坎坷的创业经历。有些企业在发展过程中，或在某种情况下，其产品或服务可能会因为领导者出色的判断或绝佳的运气而被抢购一空。这种情况通常发生在快速增长的新市场，或规模庞大、正处于创新期的老市场。上述经历会让这些人拥有截然不同的视角。这些类型的企业在如何扩大规模和增长方面面临的挑战截然不同，也许会更侧重于扩大运营规模。在接下来的章节中，我们将探讨高增长率会给企业带来什么。

本章小结

- 客户认为自己是理性的决策者，而许多企业领导者也愿意承认这一观点。
- 然而，研究表明实际情况并非如此——价值更多是定性的、主观的，不是定量的、客观的。
- 瓶装水的多种价位以及企业如何寻找新的方式来增加产品的价值，并为本质上相同的产品收取更高费用。
- 大量研究表明，高价是价值和质量的金字招牌。
- 许多价格差异完全可以归因于情感价值，而情感价值是通过品牌、信息和包装传递的。
- 在这个人们对更高价格赋予更高价值的世界中，定价过低没有意义。

需要考虑的问题

调整价位	还有什么需要了解的信息?
在改变你对定价的看法后,你可以通过哪些渐进的、有效的方式调整产品价位? 你在客户价值识别方面有什么发现?可以进行哪些实验来获得更多发现?	你尚未完全了解业务中销售和定价的哪些方面(在扩展现有流程之前了解这些方面可以节省时间和金钱)? 如何通过实验找到答案?

第八章

实现增长：利用内部收益率

在前文中，我们讨论了营运资金，为什么营运资金对企业的发展如此重要以及价格如何对其产生重大影响。现在，我想强调更重要的一点：企业的内部收益率。

获得投资回报

如果你有 1000 英镑的闲置资金，并希望将其用于投资，你希望回报率是多少？如果把这笔钱存入银行，你可能只能获得较低的利率，可能只有几个百分点。

相比之下，你每攒下 1000 英镑就将其再投资于企业发展，每年能获得多少收益？这个问题的答案就是所谓的企业内部收益率。成长型企业的内部收益率可能是 25%。技术型初创企业的内部收益率可能是 40%，也可能是 50%，甚至更高。相比之下，大型企业，例如那些在主要证券交易所上市的企业，其内部收益率通常为 10%—14%。可以看出，处于早期阶段、增长较快、规模较小的企业通常收益率最高。

这意味着，你投资（或再投资）于企业的每一分钱，每年都将获得 20%—50% 的年均复合增长率（或回报率）。投资或再投资获得的收益不亚于把钱存进银行产生的利润。如果仔细思考一番，你会惊讶地发现这种价值的飙升实在惊人。

早期企业或高增长企业能创造出这样的回报不值得大惊小怪。毕竟，成长型企业每年销售额增长 30%、80% 或超过 100% 的情况并不罕见，如果销售额以这种速度增长，那么利润和"价值"也有望随之增长（前提是管理层确保利润率等数据保持可观）。举例来说，《公司》（Inc.）杂志每年都会发布一份高增长企业榜单，这些企业都是从各行各业中挑选出来的，其中不乏在 3 年内销售额增长超过 10 000% 的企业，即在这 3 年中，每年的复合增长率都达到了 364%。

我们可以参考早期阶段高增长企业的数据，这些企业会公开其业绩情况（通常是公开上市的企业）。这些数据相对容易获取，我们可以进行一些简单有效的分析。

在金融网站上简单搜索一下就能知道，2019 年亚马逊的市值约为 9000 亿美元。而在 14 年前，其估值为 260 亿美元。14 年来，亚马逊每年的复合增长率约为 29%，对于当时规模便已非常庞大的企业而言，这个数字令人印象深刻。从 1997 年到 2020 年的 23 年间进行类似的分析，亚马逊每年的价值增长率为 38%。如果我们看一下亚马逊上市后前 10 年内（从 1997 年到 2007 年）的情况，就会发现这个数字更高，每年增长 46%，而小型企业通常增长更快。但请记住，即使在 1997 年，亚马逊也是一家大型企业。如果我们能看到更早时期的数据，就会看到更高的增长率。例如，有数据显示，从 1995 年到 1997 年，亚马逊的销售额增长率（相对于企业价值）为每年平均 1100%。

同样，2012—2020 年，脸书每年以 28% 的速度增长。脸书在这一时期的前半段（即 2012—2017 年）每年增长 36%。虽然早期企业留下的数据不多，但仍然可知从 2006 到 2011 年，脸书的销售额平均每年增长 137%。

亚马逊和脸书都是所谓的独角兽企业。这并不意味着每家高增长的早期企业都需要具备成为独角兽企业的潜力才能够取得成功，尤其是这类企业还需要面对更多复杂的问题，如筹集投资资金和管理公众市场预期。不过，我们可以参考这些公开领域的案例，无论是微型企业还是国际企业，都能帮助我们探索适合自己企业的增长率和回报率。

利率为 25% 的银行

如果一家你信任的银行可以提供 25% 的存款利率，你会怎么做？你可能会急于把手头的每一分钱都存入这个银行。如果一家高增长企业提供了同样的机会，不过存在一定程度的风险，你能否接受？高增长企业获得赢利，又将所有赢利再投资于企业发展，每一分钱都可以带来令人满意的内部收益率。

我们之前说过，高增长企业的内部收益率高达 25% 或 40%，甚至超过了 50%。这意味着，他们每再投资 1 英镑，该英镑的价值每年都会以这个百分比增长。正因如此，风险资本家往往会投资早期企业（通过风险资本投资）和高增长大型企业（通过私募股权投资），也因此，成功的高增长企业的持股管理团队能赚得盆满钵满。

当然，与国家银行相比，其他企业面临的风险都更高（至少通常是这样，虽然 20 世纪有几家著名的银行倒闭了），而且早期企业的价值不具有流动性，也不能通过银行报表看到，但成功的早期企业和成长型企业的内部收益率很高。因此，企业应该最大限度地将资金有效地投入企业中，因为这能带来非常大的收益率。

也就是说，如果你能够创造更多的利润和现金，并将其再投资于企业，这笔资金就能够获得较高的复利率。我们已经观察到，如果你能够有效地管理价格，那么你就有望获得更多的利润和现金，从而释放企业的潜力。

举个例子：每年将 1000 英镑存入银行，复利率为 2%；将同样的 1000 英镑存入一家处于早期阶段的企业，内部收益率为 35%。

如图 8-1 所示，将资金投资于企业的方案 5 年后产生的

总收益是存入银行方案的 3 倍多。这就是一段时间内价值复合增长的力量。

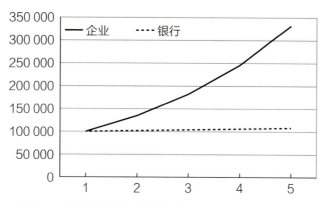

图 8-1　将资金投资于企业与银行的 5 年投资收益比较

如果再过 5 年，差距将达到 12 倍（见图 8-2）。

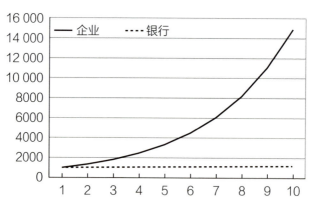

图 8-2　将资金投资于企业与银行的 10 年投资收益比较

与被动型企业的比较

我们对比了早期企业的投资回报与银行账户的赢利，发现两种投资方案带来的不同结果。这次，我们将比较两家企业，其中一家企业将因定价上涨而获得的利润用于再投资，而另一家同样赢利的企业则选择将资金存入银行或以股息的形式分配给股东，看看几年后这两家企业的结果有多大不同。

从图 8-3 中我们可以看到，将资金投入企业运作中的企业能够有效地利用这些资金，将其再投资于销售、员工培训、产品开发和运营等方面。相比之下，没有充分利用这些资金的企业可能只是将其闲置在银行里，没有利用资金创造更大的价值。对资本进行再投资的企业的增长曲线比将资金存入银行的企业的增长曲线要高得多。

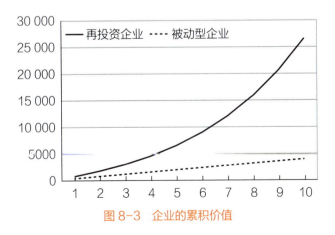

图 8-3　企业的累积价值

结果不言而喻，但值得指出的是，利润通常有两种用途。一种是将其重新投入企业的发展中，使其发挥更大的效用；另一种是将其储存起来。将资金投入你或企业擅长的活动中，可以获得高回报。这也可以减少企业对外部投资资本的需求。如果你通过提高价格获得了更多的利润，那么这种良性循环就会得到进一步加强，企业的增长机会也得以最大化。

进行再投资，建立可持续的竞争优势

我说的再投资是什么意思？对企业进行再投资，就是要找到有限资源的投向，从而实现企业的可持续有效增长。对于处于不同行业、不同商业模式和不同发展阶段的企业来说，具体的投资领域会有所不同。

不过，常见的领域包括扩大销售流程、招聘员工、员工培训和发展、开发新技术、其他形式的产品开发、运营能力和营运资本投资（成品库存、原材料、债权人或债务人、应收账款或应付账款）。这里还可能包括对新机器和资产的资本投资（资本支出）——尽管大多数国家的金融专家都为此类资本资产提供单独的直接融资方案，即资产可以出售给金融公司，以换取每月的租赁付款，从而将现金用于其他方面的支出。

我在本书的前半部分说过，一家企业的长期竞争力只有建立在可持续的竞争优势和有凝聚力的战略基础上才是最安全的。可持续的竞争战略意味着即使面对激烈的竞争，企业也能蓬勃发展，而这与追求有效的战略密切相关。制定有凝聚力的成功战略，通常需要基于以下两种方法之一。

（1）**基于资源的战略：** 第一种战略方法源于企业内部，即在企业的运营基础上开发一种特殊能力。这种战略方法可以基于企业拥有的某种形式的独特技术，也可以是已经培育出的赋予企业竞争优势的独特能力。无论是哪种方式，由于操作难度大或价格高昂，竞争对手无法复制。因此，基于资源的战略是在企业内开发出对客户具有价值且难以复制的东西。

资源可以是赋予产品或服务创新功能的资产——这种创新往往基于技术突破，可以受到专利或其他形式的知识产权框架的法律保护，使其无法复制。这种资源也可以建立在设计能力的基础上，卓越的设计可以带来市场优势——无论是通过独特的技术，还是通过聘用和留住最优秀的设计人员来实现。这种战略还可以通过具有卓越功能和技术的产品来实现某种形式的产品差异化领导地位。

> 在基因组测序市场处于领先地位的因美纳公司（Illumina）便采用了基于资源的战略。因美纳开发了宝贵的专利技术，这些技术支持并帮助保护其产品系列的功能及其领先的市场地位。2007年，因美纳公司收购了总部位

于剑桥的索莱萨（Solexa）公司（及其由一系列受专利保护的新一代测序技术），确保了其在基因组测序领域的领先地位。

（2）**基于市场的战略：**战略发展的第二个主要方法与发现和利用新的市场机遇有关。如果能够发现或预测新的市场机遇，那么最先利用这些机遇的企业往往将受益最多。战略优势来源于企业设计，企业内部的快速"感知"机制能够迅速发现市场机遇，并具备同样快速、高效的能力开展必要的行动，有效地利用这些机遇。

与竞争对手相比，企业可能不具备其他独特的优势，但快速发现和利用市场机遇的能力意味着企业获得了先发优势，从而在新机遇不断涌现的过程中取得商业上的成功。

西班牙服装品牌飒拉（Zara），其信息系统和反应迅速的供应链支撑了其以市场为基础的战略。信息系统使飒拉能够迅速发现哪些产品畅销，然后利用其敏捷的供应链迅速补充产品。这与大多数服装企业形成了鲜明对比。大多数服装企业的畅销产品通常会被抢购一空，供应链无法在流行趋势再次改变之前，迅速补充产品以满足市场需求。服装行业的传统工作周期为 3 个月，每年推出 4 个系列，因此飒拉的战略建立在对市场的感知和快速响应的基础上。

大型食品零售商也采用以市场为基础的战略。他们利用大量数据（通常来自其销售点管理系统，并辅以其会员卡计划提供的跟踪数据）来了解新兴产品的趋势和机遇。然后，他们重新配置实体销售空间，利用这些机遇，同时利用供应链提供必要的产品。如果某种产品开始热销，他们就可以为该产品提供高级促销位置，确保供应满足需求。

还有一个相关概念值得一提，它在一定程度上结合了上述两种经典方法：动态能力理论。动态能力即通过建立或重新配置内部和外部能力来迅速适应不断变化的环境。动态能力不应被视为同时采用了基于资源的方法和基于市场的方法，这是不可取的。相反，动态能力考虑的是纵向方面——企业形势的动态如何随着时间的推移而变化，以及随着企业及其战略随着时间的推移而发展，基于资源和市场的战略如何在各个阶段相互关联。

独特销售主张

独特销售主张有时也被称为"客户价值主张"，简单来说，就是对客户而言有价值的、客户愿意花钱购买的企业活动，这种企业活动在某种程度上使企业区别于其竞争对手（最好是使其在某些方面更胜一筹）。

因此，独特销售主张是企业能力的关键组成部分。阐明独特销售主张的能力非常重要，它不仅能帮助企业制定有效的发展战略，还能在营销传播中向客户解释为什么他们应该购买某种产品，即为什么该产品对他们有价值。

任何企业如果没有形成强有力的独特销售主张，就很难在大多数行业中竞争，其生产的产品充其量只能沦为仿制品或普通产品，他们最有可能采取的竞争手段就是低价竞争——这一点我们已经说过，除非这是公开的战略，否则很难做到。

因此，如果企业提供的独特销售主张是客户看重的东西，那么分析企业的独特销售主张就是一项非常重要的工作。接下来，我将介绍一种简单但强大的独特销售主张分析技术。

独特销售主张分析应针对每种产品或服务来进行，并针对产品或服务销售的每个细分市场重复进行。即使是同一种产品，不同的细分市场也可能会识别不同类型的价值，因此需要对每个细分市场进行分析。

根据产品或服务是投入了现有市场类别还是新的市场类别，分析方式也会有所不同。这是许多创新型企业失败的关键原因之一，他们可能错误地认为自己在与传统供应商竞争，但实际上他们供应的是全新产品，是其他企业所不具备的。

此外，对于开辟了全新市场的创新产品而言，与其说"不存在竞争"，不如说竞争其实就存在于当前的购买行为中，即潜在客户忽视了新的创新产品，继续购买市场中的老品牌。

换言之，在许多创新产品问世时，潜在客户只是对它嗤之以鼻或一笑了之，没有改变购买习惯。

接下来，你需要回答三个问题，在回答每个问题时，都要考虑对于竞争对手或"暂且观望"的客户而言，你的产品：

（1）能提供什么价值或利益？

（2）为什么与众不同、更胜一筹？

（3）为什么会被客户选择？

表 8-1 对此进行了总结。

表 8-1　独特销售主张分析矩阵

问题	现有产品 对于竞争对手而言	新产品 对于"暂且观望"的 客户而言
（1）你能提供什么价值或利益？	1_____ 2_____ 3_____	1_____ 2_____ 3_____
（2）是什么让你与众不同、更胜一筹？	1_____ 2_____ 3_____	1 在没有你的产品或服务时，客户面临着什么困扰或问题？ 2_____ 3_____
（3）客户为什么要选择你？	1_____ 2_____ 3_____ 4_____	1 你将如何提升客户的生活质量？ 2_____ 3_____ 4_____

✎ **练习：进行独特销售主张分析**

1. 确定你是否正在对有直接竞品的产品进行分析（在这种情况下，请使用表8-1第2栏，并根据竞争情况作答），或者你是在没有直接竞品的情况下进行创新产品或服务分析（在这种情况下，请使用表8-1第3栏，并根据哪些因素改变了客户当前的行为以及哪些因素阻碍了他们的改变作答）。

2. 选择一款产品（或服务）和一个客户群体。

3. 然后回答下面3个问题：

（1）你能提供什么价值或利益？

从客户的角度回答——试着想象自己就是客户。企业提供的哪些服务是客户所看重的？

（2）是什么让你与众不同、更胜一筹？

你们在哪些方面相对竞品存在差异化或个性化特征？这些差异点对客户而言有价值吗？如果有价值，它们是以什么方式创造了价值？

注：对于表8-1第3栏，由于不存在现有的竞争对手，因此应从与其替代品的比较开始，并询问"你们解决了客户的什么'痛点'？""这种'痛点'是否足以改变消费行为？"以及"你们如何提升客户的生活质量？"。

（3）客户为什么要选择你？

第三个问题看似与前两个问题有重叠，但其真实的目的是让分析师从根本上挖掘是什么驱动了客户的决策以及客户为什么要选择你的产品。

下面是针对表8-1第2栏和第3栏问题的示例。（注：为了便于使用，这些问题没有进行细分，如果要进行正式练习，我们会选择一个细分市场，使练习更具有针对性。）

案例1：苹果公司苹果手机（未细分）

现有产品

对于竞争对手而言，这是竞品。

你能提供什么价值或利益？
（1）简单易用的技术。
（2）良好的用户体验。
（3）应用程序生态系统。

是什么让你与众不同、更胜一筹？
（1）游戏＋音乐＋应用商城。
（2）简单易用的技术，"非技术人员"容易上手。
（3）有吸引力＋有名气。
（4）讲求派头。
（5）在同类产品中价位最高。
（6）安全的封闭平台。
（7）品牌情感价值。
（8）苹果产品协调工作。

续表

客户为什么要选择你？
（1）让他们感觉自己与众不同。
（2）向他人炫耀。
（3）成为苹果社区的一部分。
（4）使用他们原本无法掌握的技术。
（5）整合游戏、音乐和多种多样的应用程序。

 案例 2：赛格威（Segway）电动平衡车（未细分）

新产品

＝没有完全相同的产品

新产品：对于"暂且观望"的客户而言，这是全新产品。

你能提供什么价值或利益？
（1）电力驱动。
（2）易于存放和停放。
（3）观景位置高。
（4）独特的外观和体验感。

是什么让你与众不同、更胜一筹？
（1）比骑车更简单。
（2）比步行更轻松。
（3）随心上下。
（4）未来感。

续表

客户为什么要选择你？
（1）与众不同。
（2）在公共场所玩得开心。
（3）不用步行。
（4）成为早期采用者。

指导：如果你以前没有提出过这类问题，或者没有足够的信息来回答这些问题，那么可以先从SWOT分析（优势、劣势、机会、威胁分析）开始，制作一个比较自己与竞争对手之间的产品功能和优势的比较表。

投资资金

本节围绕创新型企业带来的潜在高回报率展开讨论，这也引发了具有创业精神的人对高增长企业机会和潜力的无限憧憬。

出于相似的原因，风险投资家和天使投资人也对这些企业抱有浓厚的兴趣。年复合回报率如果能够达到20%、30%甚至50%，这样的前景和潜力在财务上无疑令人兴奋，同时这也是创新和推动增长的重要因素。对于风险资本家和其他投资者来说，以30%到50%的年回报率投资于成长型企业是相

当常见的。

典型的专业投资者将资金投入企业的投资组合中。在十个投资项目中，通常会有两三个项目进展顺利，四五个项目可能会呈现"收支平衡"的状态，剩下的九个项目则可能完全亏损。因此，其赢利的投资必须能够弥补亏损的投资，这就需要有吸引力的高回报投资机会。

对于专业投资者来说，确保管理团队的利益与投资者的利益保持一致是成功的关键因素之一。当利益一致时，管理层和投资者就更有可能获得有利的结果。这通常可以通过股权和奖金计划来实现。利益一致的原则也适用于你的企业。作为企业的所有者或股东，你的利益是明确的。如果你是一个具有企业家精神的大型企业的管理者，那么希望你也能获得其他形式的利益一致机制来激励自己。

通过应用类似的方法，你在某种程度上成为自己的投资者——通过创造足够的利润来满足你在成长过程中的现金需求。不同类型的企业采用不同的营运资金模型，但如果你能够以更高的价格出售产品或服务，并且有强大的独特销售主张的支持和支撑，那么现金管理和充分利用内部回报率就会变得更加容易和有效。确实，许多成长型企业需要筹集投资资金来满足营运资金需求。虽然一些企业由于恰好拥有某种营运资本结构（如积极的营运资本模型）而避免了筹集资金，但那些需要投资和银行融资的企业可以通过提价来减少筹集资金的需求，并优化现金流。

如果你采用智能定价的策略，那么在所有这些场景中取得成功将会更加容易——找到一个足够高的价格来支持良好的毛利率和净利润，从而得到良好的赢利水平和现金流，进而通过再投资推动你的业务增长。提高价格背后的理念也可以促使企业专注于差异化，即找到让自己与竞争对手不同且更优越的方面。最重要的是，这种差异化应该建立在创造客户价值的基础上：明确客户价值是什么以及它对客户意味着什么。这种差异化和客户价值导向的思维也促使企业以客户为中心，关注其对客户的意义。

在下一章中，我们将进一步探讨这个问题，并提出一个有用的问题：你能将价格翻倍吗？

> **本章小结**
>
> - 与典型的银行账户相比，成长中的早期企业通常具有每年 20%—50% 的复合内部回报率。
> - 通过创造利润并进行再投资，企业可以建立更强大的价值主张和可持续的竞争优势。
> - 即使在短时间内，这种利润的创造也会对企业的价值产生重大影响。

需要考虑的问题

市场

你的产品属于现有市场类别，还是正在创建的具有新购买行为的新市场类别？

以何种方式进行分配？

独特销售主张

在你选择的每个细分市场中：

（1）你能提供什么价值或利益？

（2）是什么让你与众不同、更胜一筹？

（3）客户为什么要选择你？你的独特销售主张是什么？

本章练习

进行独特销售主张分析

第九章

价格翻倍会怎样

价格翻倍：价格是增长的动力

我们在前面讨论了价格对于企业赢利的重要性，也讨论了利润再投资会为高增长企业带来巨大的收益。然而，有时企业羞于提高价格，或者不愿意推翻自己设定的当前价格。因此，我经常向与我合作的企业家提出："你们可以测试一下，看看把当前的价格翻倍会发生什么。"

更准确地说，就是在以下两个方案中任选其一：

方案1：安全的市场测试。你是否可以进行一个安全的测试（也许是"围栏"实验），看看如果真的把价格翻倍会出现什么情况？

如果这根本行不通的话，那么用第二个方案。

方案2：思想实验。能否进行一个思想实验，探讨一下如果想要放心地将价格翻倍，你需要采取哪些措施？

我曾经向很多人阐述过这套关于定价的理念，我的听众里有很多首席执行官、企业主和高级经理。我很高兴收到听众的反馈，他们按照我的建议尝试将价格翻倍。可能过几个月会有人跟我报喜，说自己新的提价实验大功告成。有时，这项实验会让他们意识到企业长期以来对产品的定价过低了。有时，较高的价格可以带来更高的财务回报，而这些回报可以用于再投资，进一步提升企业的价值主张。几乎所有试图将价格翻倍的人，都表示他们从中受益匪浅。

方案1：安全的市场测试

许多企业在成功实施这一方案后，都对结果感到惊讶，并最终被测试结果说服，进行定价改革，因为这为他们提供了实现高利润率的途径。这反过来又实现了再投资回报。

如果你承认自己在价格问题上可能和其他企业一样存在认知偏差（虽然不知道自己有什么疏漏），那么要想知道市场会支付多少钱，办法就是聆听市场的声音，而最好的办法就是进行测试。

诺丁汉大学为高潜力企业开设了一项成长计划，参与该计划的一家企业就采用了方案1。

该企业为客户提供视频制作服务。当时，该企业在东米德兰兹地区发展势头强劲，并希望在包括伦敦在内的英国其他地区发展。他们的首席执行官在上完培训课程后，

决定将伦敦地区的定价提高一倍。

提价后，团队惊讶地发现新价格对该市场的销售转化率没有影响——转化率基本保持不变。当然，这对利润和可用于业务再投资的现金产生了巨大影响。

该团队意识到，他们的定价长期偏低。提高在伦敦市场的定价后，他们失去了那些对价格敏感的客户，但同时也赢得了高端客户的信任。这些高端客户以前认为他们的定价太低，不值得信任。有了这次开门红，他们逐步提高了在其他地区的定价（但并不激进）。这样做的直接结果是，企业员工在短短几年内增加了两倍。

在践行这一理念时，必须注意以安全的方式行事。那些娴熟地运用这一理念的企业会以安全的方式行事。他们不会盲目地将价格翻倍，然后静观其变。相反，他们会谨慎地实验，并仔细监测结果。在进入新市场或特定地区时，可以简单地将价目表翻倍，或以更高的价位推出并行产品，随机而变。在下面的练习中，你将看到更多方案。

如果市场对不同价位的产品做出积极反应，管理团队就有必要找出原因，揭示导致这一良好结果的原因，进一步帮助企业了解客户的观点。一些企业在完成这些工作后，将价格提高了 100%，甚至 300%。其他企业则认为 25%—50% 的涨幅更适合自己的情况。

✏️ 练习：价格翻倍

企业有几种简单的方法以"围栏"的安全方式尝试方案1：

（1）进入新市场时：新市场给企业提供了扩张的机会，也是一个全新的开始，可以做一些不同于以往的尝试。

顾名思义，新市场是与现有的生意分开的，因此这里的变化和风险不会影响到现有的生意。这就为尝试不同的定价方式提供了一个安全的环境。

采用千篇一律的方法或照搬当前市场的做法进入新市场，这似乎是个捷径，但通常情况下，每个新市场的需求不尽相同。以不同的方式尝试，例如价格翻倍，这样可以从更广阔的背景下审视企业所吸取的经验教训。

即便新的尝试不见成效，其他业务也不会受损，而且降价总是很容易的，只是要注意循序渐进。或许将价格翻一番步子迈得太大了，不过在原价格基础上提高50%或25%，就足以改变企业的利润率，促进再投资。

（2）推出新产品时：同样，新产品也是一个全新的开始，可以做一些不同于以往的尝试。定价为企业提供了一个绝佳的机会，可以通过价格调整将赢利能力提升一个台阶，看看这是否也发掘了现有产品之前未开发利用的机遇。在推出新产品时，不妨采用撇脂定价法和渗透定价法。

（3）提高平均交易价值：在某些情况下，企业发现官方价格或标签价格具有重要的"信号"价值，提价的同时必然要面对随之而来的风险。举例来说，这可能是客户在某种程度上将官方价格当作了一个筛选条件，也许是将其视为资格审查的第一步，接受价格后才会考虑进一步开展合作。在这种情况下，大幅提高官方价格可能会让企业丢掉后续洽谈合作的机会。

在这种情况下，企业会意识到，通过关注整体交易价值，仍然有可能将价格提高甚至翻倍。虽然官方价格可能因为需要与特定水平挂钩而无法改变，但企业发现，通过实施提供多个不同价格选项或套餐，将价格分阶段逐步提高或降低，多个产品或服务捆绑销售，销售时推荐附加的产品或服务，销售时推荐更高规格、更高价值的替代品，或升级版本等一系列策略，仍可提高整体交易额。

（4）创造并行产品：我们之前已经了解到一些企业如何以不同的价格销售基本相同的产品。为了实现这一目标，这些企业推出与现有产品基本相同，但具有突出或特定功能或优势的并行产品。企业可能在这个过程中参考了一些研究，这些研究表明一些客户实际上感到有必要支付更多费用，因为他们通过支付更多费用获得了额外的价值，无论是安心感还是企业赋予的品质标志。这项实验的一个有趣之处在于，附加价值是如何框定和引导客户决策的。下面是一家工业产品企业的示例。

　　一家企业基于一项创新材料技术开发了一系列产品。这项技术的一个不同寻常之处在于，它可以用来制造可以在三个完全不同的市场中需要的材料——在船舶领域替代金属青铜产品，在化工领域替代塑料产品，在能源领域替代不锈钢合金。出于各种原因，包括不同行业使用的传统材料不同，这些市场对这一系列产品的价位预期也完全不同。在这三个市场中，最具吸引力的市场所支持的价格比最不具吸引力的市场的高出三倍。

　　这家企业是在最不具吸引力的市场中打拼起来的。然而，由于现有部门（负责支付账单）无法支持更高的价格，该企业无法实现进入新市场，并制定更高价格的目标。显而易见的做法是将现有产品系列变成三个产品系列，并以不同的价位销售。

　　这将把三个市场分开，并有可能阻止不同价位之间的价格竞争。从本质上讲，客户比较不同行业的价格将变得更加困难。两个较高的价位还有助于提高其产品和新技术在这些领域的可信度，否则，目前的价格可能会给人一种质量差或不可靠的印象。

　　为此，该企业推出了两个新的产品系列，并启用新的品牌名称。每个产品系列都被赋予了与新目标行业相关联的新价值和信息以及新的更高价位。该企业认识到，必须使这些产品看起来与众不同，并说明为什么它们适合某个行业（而不是其他行业）。最后，由于现有产品系列的特点与三个市场都有关联，该企业对每个新产品系列进行了特定产品特点的拆分或淡化，以确保这些特点在新的目标市场适用。

这一战略效果显著，该企业成功抓住了更具吸引力的机遇，并显著提高了产品的平均价格水平。

在这个案例中，企业涉足了三个行业，这意味着他们在每个行业中有不同的竞争者。回想一下，在本书的案例中，价格相差悬殊的产品之间唯一的区别就是品牌和包装。这表明，在某些产品类别中，即使实际产品本质上相同，但用不同的品牌和信息呈现，可以产生不同的效果。当然，与产品相匹配的品牌和信息在很大程度上是捆绑销售的一部分，也是价值主张的一部分，可以对其进行相应的投资和改变。

方案 2：思想实验

如果无法进行实际实验，不妨试试思想实验。思想实验也十分具有参考价值，这是因为思想实验能够迅速促使企业团队提高对可能发生的事情的期望值，并以客户为中心，思考价值认可的问题，即哪些机会可以提高价值，并实现差异化。

在价值提供方面，哪些变化会让你觉得价格翻倍是件轻松的事？这是一个有趣的想法。

方案 3：提高现有业务的当前价格

对于企业来说，还有第三种选择，就是提高现有经营活动的价格，无论是出于投机还是生存的需要。与前两种方案相比，方案 3 的风险较高，因为它会直接影响到现有业务，不过也存在成功的可能。企业可以循序渐进，也可以大刀阔斧地实施这一方案。在循序渐进和大刀阔斧之间如何选择，取决于企业的业务动态和风险偏好。

在现有市场中提价，考虑如何向市场传达这一信息很关键。如果现有客户习惯了以折扣价消费，他们必然会反感无缘无故的提价，并有可能抱怨不止。这是意料之中的事，你需要为此做好准备。如果有些潜在客户不买你的产品，是因为他们认为你的产品太便宜了（因而认为质量差），那么你就有必要重新定位品牌和产品，来支持以更高的价格出售。有些时候，消费者抱怨的不是价格上涨的幅度（涨价可以理解）而是价格上涨的时机。如果客户的预算已经确定，那么他们可能需要进行一系列工作（如调整预算、修改合同、谈判协商等）来适应购买成本的变化。那么，推迟涨价或许能给客户更多时间来适

应价格变化，他们或许有意愿延长合同期限以确保购买成本长期稳定。请记住，提高价格是福是祸，还取决于你如何向市场提供报价以及你如何阐述自己的价值主张。这又关系到信息传递和"包装"，也就是呈现方式。

定价过低比定价过高更糟糕

人们通常会将低价与质量低劣联系在一起。企业如果对产品或服务定价过低就无法吸引优质客户，从而无法获得充足的利润来对员工、产品和流程进行必要的再投资。

正如我之前所说，即使没有进行实际的市场价格翻倍实验，进行思想实验也非常有价值。这可以迫使团队思考，也许他们之前从未如此思考过，为了使价格翻倍需要进行什么改变。在这个过程中，团队可以重新审视客户世界中的价值原则。

长期定价过低

对中小企业和处于早期阶段的企业而言，通过尝试将价格翻倍可以解决长期定价过低的问题。有证据表明，许多中小企业往往定价过低。尝试进行价格翻倍，无论采用精心设计的安全的市场测试还是思想实验，都会迫使企业及其团队认真思考客户到底看重什么，以及如何在其产品或服务中充分展现这种价值。

在实际实验中，市场本身会通过购买行为来给出答案，从而说明定价水平是否正确，是否存在定价过低的情况。

如果要进行如何证明价格翻倍是合理的思想实验，那么管理团队就真的需要认真思考，为了支持这种提价，他们必须做些什么来优化或改变产品。在任何情况下，这都是一项非常有益的分析，往往能够帮助人们洞察如何进一步区分产品或增加产品的价值，或者建立一个产品价格等级体系。

价格即价值

许多客户将价格视为评估产品或服务价值的指标。价值意味着更高的质量、更低的风险等。当这些客户看到高价位产品时，他们可能会产生一种认知偏差，即认为与低价位产品相比，高价位产品具有更高的价值和更优越的性能（至少在获得更多信息前是这样认为的）。因此，这种研究结果向企业表明，即使不做任何其他改变，将产品价格翻倍的重新定位行为，也能为客户带来额外的价值，而这额外的价值就来自产品的高价位。

虽然这听起来似乎匪夷所思，但研究表明，许多企业在客户难以对不同产品进行分析和比较的行业中成功地采用了溢价定价策略。正如我们之前提到的，像苹果公司这样的公司将溢价定价作为其产品系列的核心内容，尽管实际上它们的大部分产品在功能上与通常以较低价位销售的直接竞争对手产品的功能大致相当。苹果公司的产品有自己的生态系统，这使得消费者很难将其与其他电子产品进行比较。

有些企业确实在不断进行产品评估和优化。然而，大多数企业关注的是如何在产品或服务的效率和总量上做文章。然而，在本章中我们讨论的审查是围绕价位展开的，而企业往往不常对定价进行重新审视和检查。因此，此类工作的一个关键价值来源于学会以不同的方式看待世界，以不同的方式理解客户价值动态，并且常常进行这种思考。这可以使企业意识到并利用好所有通过增加客户价值来提高价格的机会。

同样还要注意，此类工作的目的并不一定是追求将价格翻倍或实现 100% 的价格增长，而是探索测试的方式，了解如果将价格翻倍会发生什么，或者我们需要采取哪些措施来证明将价格翻倍是合理的。如前所述，对某些企业来说，适当的提价幅度可能是 40%；而对另一些企业来说，适当的提价幅度可能是 200%。这项工作和提问中蕴含的框架效应实际上旨在探索客户价值的来源，并确定企业应采取哪些措施，以确保其能够在适当的再投资水平上成功发展，并最大限度地发挥真正的潜力。这对你和你的客户都是有益的。

✏️ 价格演变案例研究——英国营销机构

在这家快速发展的搜索引擎优化（SEO）和数字营销企业成立之初，他们面临着决定向客户收取多少费用的挑战。他们意识到自己有一定的客户基础，并且企业的员工队伍正在发展壮大以支持新的工作。因此，他们感觉良好，自认发展前景十分光明，但他们也发现每个人都忙得不可开交。这也许要归咎于他们制定的初始价格。初始价格创造的利润率相对较低，这意味着他们无法为谈妥的业务提供充足的资源，甚至有些捉襟见肘。

尽管如此，他们能够提供高销量、低利润率的产品。他们售卖的是一天 7 小时的服务，但通常一天要工作 8 小时。这给员工增加了很大的额外压力。

后来该企业开始实施"价格翻倍"计划，在 18 个月的时间内逐步将所有新业务的定价提高了 20%，随后又提高了 10%。这时，一些客户对价格上涨表示不满，企业与客户进行了沟通。此时他们意识到，这些客户实际上对他们企业的发展无益，企业如果放弃他们会发展得更好。不过这只是少数情况，大多数客户都接受了涨价，并认同较高费用会带来更优质的服务。

不久，这家营销机构又进行了多次涨价，涨幅分别为

5%、3%和3%，价格比初始价格高出将近50%。

令人惊讶的是，涨价后转换率持续提高，这可能要部分归功于额外资金的重新投入，使这家营销机构显得更加强大，并与其定价相匹配。这种投资反过来又使他们获得了各种行业奖项。

他们的下一步商业战略是专注于客户体验，即设计一种不仅能够满足客户期望，而且能够超越客户期望的卓越客户体验。该企业将销售策略从销售可变的工作单位转变为销售固定的时间和金钱，并与客户协商确定交付的成果或产出的水平。他们成功地实现了销售单位的标准化。

他们还发现，有些员工的资历太浅，无法妥善处理客户关系，因此在这方面增加了投资，以确保员工的交付能力与客户需求保持一致。这包括在企业内部发展客户管理职能。他们将重点放在服务和关系上，尤其是与客户进行更好的沟通上，从而为每个人提供更好的服务。在此期间，价格又提高了20%。

经过五年，他们从两个人的团队发展到六十多人的团队。将提高定价作为探索和增加业务价值的一种方式，这是该企业成功实现增长的关键。

客户决策环境

要找到帮助客户评估和确定价值的方法，就必须深入洞悉他们的世界，评估他们的决策环境。举例来说，客户可能认为与他们当前的购买选择相关的交易成本或情感成本很高，如果你能识别这些交易成本或情感成本，就能找到方式帮助他们接受这些成本。

如图 9-1 所示的一组客户决策天平就可以帮助我们进行这种分析。在做出购买决策时，尤其是在购买新产品或替代产品时，客户会权衡问题的严重性和解决方案的成本。

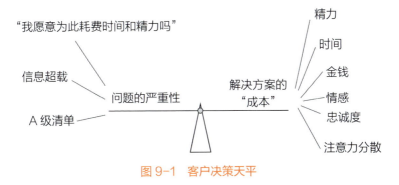

图 9-1　客户决策天平

在这种分析中，问题的严重性可能受到一个简单因素的影响，即客户是否愿意花时间和精力去解决你试图解决的问题。他们是否处于信息超载状态，你发送给他们的新信息是否都被忽略了？你要解决的问题是否在他们的 A 级清单中，他们是否正在积极寻求解决方案？这个问题是否在他们的 B 级

清单上，或者更糟，在 C 级清单上？在这种情况下，你怎样才能将其转移到 A 级清单上？然而，如果这个问题仍然停留在他们的 B 级或 C 级清单上，那么他们很可能永远不会主动解决这个问题。

看客户决策天平的另一端，客户认为成本是什么？这里说的"成本"不仅仅是金钱，还包括他们在寻求讨论和机会时需要付出的精力、付出这种精力需要花费的时间，以及他们是否觉得自己还有多余的时间和精力。还有改变某些东西的情感成本——他们可能对当前的解决方案有一定的忠诚度或信任感，而这需要被取代。还有注意力分散——这对他们实现重要的个人目标会有多大影响？虽然"成本"不一定与金钱直接相关，但也有可能与金钱有关——如果是这样的话，你还可以降低哪些成本来提高价格，同时还能使客户决策天平达到平衡？如果最终提高了价格，也降低了总成本，那么这个改进就是易于接受的。

> **✍ 练习：绘制客户决策图**
>
> 　　请思考贵公司的潜在客户，并填写以下内容。如果你在回答某些问题时感到困难，请尝试明确需要采取哪些行动才能找到所需答案，这可能需要进行有益的研究或与客户进一步讨论。

✒ 问题的严重性（越严重越好）

1. 客户做出改变的动力有多大？为什么会出现这种情况？

2. 客户会经常遇到类似的或有竞争力的供应商吗？如何简化他们的决策过程，避免信息过载？

3. 这个问题是否在他们的 A 级清单中？如果不在，那么他们的 A 级清单中都有什么？问题的实质是什么？你能做些什么来宣传自己处理问题的立场？

✒ 解决方案的成本（总体成本越低越好）

1. 为了采取下一步行动，客户需要花费多少精力？怎样能让他们少花费精力？

2. 他们完成这些需要花费多少时间？能否缩短他们花费的时间？

3. 交易价格有多重要？货币流通的时机或结构怎么样——也许时机比金额更重要，或者分期付款更受青睐？他们在决策时使用了什么参照点？

4. 在他们的决策中存在哪些情感因素？他们是喜欢变化并寻求变化的人，还是保守的人？

5. 他们是否在某种程度上忠于（习惯于）当前的定价？是否存在能够取代你的现有供应商关系？

6. 他们在多大程度上认为你的解决方案分散了他们的注意力？是否有办法提升交易的不可取代性？

指导：了解客户做出决策的决策环境非常有价值。在使用客户决策天平进行练习时，你会知道"客户所处环境"（即与客户面临的其他问题或感受）的相对优势或劣势。这些结果可以帮助我们提高对产品的感知价值，并找到使客户更容易购买的方法。

本章小结

- 是否可以进行一个安全的市场测试，看看如果真的把价格提高一倍会出现什么情况？
  - 什么时候进入新市场？
  - 什么时候推出新产品？
  - 什么时候提高平均交易价值？
  - 什么时候创造并行产品？
- 能否进行一个思想实验，探讨一下如果想要放心地将价格翻倍，需要采取哪些措施？
- 进行这种测试的企业往往会对结果感到惊讶，更重要的是，他们对更高价格及其结果的接受程度会发生积极的变化。

● 即使是将价格翻倍的思想实验，也能让企业以截然不同的方式看待问题，重新审视客户世界中的价值原则。

需要考虑的问题

价格翻倍	客户决策
是否有安全的方法来测试价格翻倍后会发生什么？	客户如何权衡决策？绘制他们的决策过程。
例如：进入新市场、推出新产品、推出并行产品	例如：精力、时间、金钱、情感、忠诚度、注意力分散

本章练习

（1）价格翻倍。

（2）绘制客户决策图。

PART 10

第十章

了解认知偏差和行为

　　在管理学、心理学和行为经济学中有一个令人着迷的领域，关注的是认知偏差以及这些偏差如何影响人们做出决策的方式。这是一个庞大而有趣的课题，我们不妨简单了解一下，看看它如何帮助我们更好地理解定价和一般买家行为受什么影响因素驱动。这个课题是 B2C 市场中实体如何做出决策的关键，在 B2B 市场中也发挥着重要作用。

　　此外，作为消费者，你也可以借鉴其中的一些观点，更好地保护自己免受常见策略的影响，从而为自己争取更多的优惠。

　　提醒一下，我前面提到的长期定价过低，主要是由于认知偏差造成的，更准确地说，是几种认知偏差的影响。其中一部分认知偏差与框架效应和启动效应有关。在这里我想重聊一下认知偏差，以便更好地理解客户对价格的看法，从而加深我们对企业如何制定和提高价格的了解。

　　在进化过程中，人类的认知受到多种因素的影响，难免会出现偏差。特别是，我们的祖先在当时艰险的生活环境中，需要迅速采取条件反射式的决策方式。

　　丹尼尔·卡尼曼在《思考，快与慢》一书中对此进行了

巧妙的解释，他在书中谈到人脑中存在两套思维系统，系统 1
和系统 2 中的决策单元共同负责做出决策。系统 1 的运行速度
非常快，我们大部分的决策都是基于经验法则和根植于过去经
验的捷径进行的。系统 2 运行速度较慢，逻辑性较强，但受到
系统 1 强大存在的影响。在我们进化的过程中，这些系统发挥
了积极的作用，但现在它们也被政治家、媒体和营销人员利用
了。他们抓住大脑的系统漏洞，竭力实现自己的价值最大化，
压缩了消费者获得的价值。虽然系统 1 承担了大部分决策制定
的工作，但系统 2 却认为自己可以操控一切——从根本上说，
我们会有意识地回溯某些决定，为某些决定编造理由，但这些
理由通常是不正确的，因为最初的选择是由潜意识做出的。众
所周知，许多客户无法充分解释他们购买的原因或方式，他们
所说的理由也经不起推敲。

客户受行为启发和认知偏差的影响

几十年来的许多测试结果表明，消费者在做决定时的非理
性程度令人吃惊。然而他们自己却不自知。这一点很重要。当被
问到这个问题时，大多数人都会说他们在做出购买决定时往往非
常谨慎。但所有证据都表明，大多数人的情况通常恰恰相反。

因此，我们可以得出结论，以下大部分内容对大多数买

家来说都"不重要"。尽管他们在购买过程中受到这些因素的影响，但他们很可能并没有意识到，除非他们接受过专门培训并会有意识地辨识这些影响。

启动效应导致认知偏差

启动效应指对信息的非意识感知，即第一条信息的影响比后面的信息具有更大的权重。换句话说，我们首先接收到的信息会改变我们对随后信息的感知方式。第一条信息比第二条信息重要，比第三条信息、第四条信息更重要，以此类推。

菲利普·格雷夫斯（Philip Graves）在《顾客心理战》（*Consumer.ology*）一书中，举了一个简单的例子来说明这种方法。快速浏览一下对以下二人的描述，然后回答：你更喜欢谁，约翰还是马克？

- 约翰的性格特点：聪明、勤奋、冲动、挑剔、固执、善妒。
- 马克的性格特点：善妒、固执、挑剔、冲动、勤奋、聪明。

大多数人的回答都会是约翰，尽管对两人的描述除了用词顺序外完全相同。这是因为人们要么忙碌、要么懒惰，或者是受到我们祖先处理信息的方式影响，需要迅速做出决策。因此我们通常看到描述的开头就开始评估，并且有了决断就不愿再改变看法。

了解了这一点，我们会发现，只要安排好提供信息的顺序，就能改变人们对信息的看法。这种信息管理的形式可以最大限度地影响人们对提案的态度。假设一下如何将这个方法应用于营销一辆运动型多用途车（SUV）：

- SUV 1——尊贵、宽敞、舒适、有趣、越野能力强、路面稳定性差、运行成本高、停车难、不利于环保。
- SUV 2——不利于环保、停车难、运行成本高、路面稳定性差、越野能力强、有趣、舒适、宽敞、尊贵。

虽然以上两种描述除了用词顺序外完全相同，但哪个更吸引人却显而易见。

下面是丹尼尔·卡尼曼举的另一个启动效应导致认知偏差的例子：

球棒和球的价格是 1.10 美元。

球棒比球贵 1 美元。

球的价格是多少？

你觉得呢？

大多数人给出的答案是 0.10 美元（或 10 美分）。

实际答案是 0.05 美元（或 5 美分）。

回答这个问题有两种方式。一种是本能作答，另一种是花时间仔细思考后作答。本能作答在很大程度上会受启动效应影响——大脑很难忽视"1.10 美元"和"1 美元"的信息，也很难不计算出两者的差额是 0.1 美元，然后得出错误的答案。

一种证明答案的方法是做代数题。我们不妨一起研究一下，把这当成一道数学题，题干中已知棒球和球棒一共 1.10 美元。

所以**棒球 + 球棒** =1.10（美元），我们称之为（a）。

而球棒比棒球贵 1 美元。

所以**球棒 = 棒球 + 1 美元**，我们称之为（b）。

用（b）代替（a）中的**球棒**，得出：

棒球 +（棒球 + 1 美元）= 1.10（美元）

即：

2 个棒球 = 0.10（美元）

这意味着：

棒球 = 0.05（美元）

因此，一个棒球实际上是 0.05 美元（或 5 美分），而不是我们大脑中直接蹦出的 10 美分。

丹尼尔·卡尼曼还举了一个例子。最好用记忆卡片来做，也可以试着心算。

在 5 秒内猜出或大致估计出这两个算式的答案：

- $1 \times 2 \times 3 \times 4 \times 5 \times 6 \times 7 \times 8 = ?$
- $8 \times 7 \times 6 \times 5 \times 4 \times 3 \times 2 \times 1 = ?$

有数学思维的人会意识到，二者的答案是相同的。然而，让不同小组的学生做这个练习，他们的平均猜测却大相径庭：

- $1 \times 2 \times 3 \times 4 \times 5 \times 6 \times 7 \times 8 = ?$　平均猜测 = 512
- $8 \times 7 \times 6 \times 5 \times 4 \times 3 \times 2 \times 1 = ?$　平均猜测 = 2250

同样，把较大的数字放在算式的前面会产生不同的结果。

因此，我们可以看到启动效应的威力有多大以及每个人受其影响的程度有多大。你需要思考的关键性问题是，如何在自己的经营中利用启动效应改善人们查看和感知信息（尤其是定价信息）的方式。

降低敏感度导致的偏差

之前提到过，大多数消费者都认为自己是理性的决策者。但在很多情况下，并不是这样。降低敏感度导致的偏差表明，如果环境发生变化，同等价值的决策会受到截然不同的对待。

例如，一个人为了在价值 600 美元的物品上节省 10 美元而步行 10 分钟的可能性，要比为了在价值 25 美元的物品上节省 10 美元而步行 10 分钟的可能性小得多。在这两种情况下，10 美元是一样的，为节省 10 美元所付出的努力也是一样的。因此，与节省 10 美元所需的努力相比，两个 10 美元的吸引力应该是一样的。然而，尽管有这样的逻辑，但 10 美元在整体金额中所占比例的不同，往往会改变人们对其价值的感知。这显然不合理，因为 10 美元就是 10 美元，人们为节省它所付出的努力是一样的。

损失规避

损失规避是一种众所周知的偏差，即我们对待损失的态度与对待收益的态度不同。一般来说，人们对损失的感觉比对收益的感觉更强烈。

丹尼尔·卡尼曼和阿莫斯·特沃斯基（Amos Tversky，美国行为科学家）在 1979 年的一篇论文中提出了损失规避的概念。卡尼曼随后研究了做出经济决策的认知过程，并因此获得了 2002 年的诺贝尔经济学奖。

举个例子，让我们来看看社会科学中的一个著名案例——"疾病问题"：

设想即将暴发一场疾病，你要决定 600 人的命运，必须在两个备选方案中选择一个来应对这场天灾。

● 如果决定权在你，你会选择哪个方案？

A：有 200 人一定可以得救。

B：有三分之一的概率 600 人全部得救，有三分之二的概率无人得救。

现在回答下一个问题：

● 如果决定权在你，你会选择哪个方案？

C：有 400 人必死无疑。

D：有三分之一的概率无人丧生，有三分之二的概率 600 人全部丧生。

大多数人（72% 的原始样本参与者）在第一个问题中选择了 A，在第二个问题中选择了 D（78%）。然而，A 和 C 其实是一样的，B 和 D 也是一样的。大多数人第一题选择 A，第二题选择 D，他们之所以改变选择，是因为结果的表述方式不同，尽管结果是相同的。这是因为相比于获得某物，人们对失

去某物的感觉要不舒服得多。选择 B 和 C 会导致损失，明确表现了这种偏差，这就引导了人们的选择。

同样，如果一个投资机会有 50% 的概率使投入的资金增加 3 倍，但也有 50% 的概率把资金全赔光，那么大多数人都不愿意进行投资。尽管平均来看，进行投资可能是一种能获利的策略，但由于潜在的损失更令人痛苦，因此人们会倾向于规避风险。

有人指出，投资者更倾向于持有亏损的股票，卖出赢利的股票，不过实际上相反的做法更为理性。

损失规避的商业案例包括提供免费样品和免费的初始试用期，例如免费的初始订阅。一旦人们拥有某样东西，失去它所带来的情感成本就会高于保留它的成本。有时企业会将免费试用期的结束描述为一种潜在的损失，借此引发客户希望规避损失的心理。

来源偏差

来源偏差是指如果背景发生变化，同一事物就会被赋予不同的价值。举个简单的例子：一罐可乐的价格。人们在超市里愿意为一罐可乐支付的价格远远低于其愿意为在豪华酒店大堂商店里的一罐可乐支付的价格。可乐是一样的，价格却可能相差很多。

从某种意义上说，销售产品的环境是捆绑销售的一部分。

然而，理性的人会意识到这本质上是将相同的产品以截然不同的价格销售。在上述情况中，理性的做法是去附近的超市买一罐可乐带回酒店。

锚定偏差

锚定偏差是一个强大的概念，在许多企业中都得到了很好的应用。以谈判理论为例。在市场上买一块地毯，这是一个典型的讨价还价的情况。你看中了一块地毯，地毯上没有价格标签，这块地毯卖多少钱？

你询问价格。如果卖方给出一个高价格，也许你可以回一个低价格。也许你们可以找到一个折中的价格，达成交易，也或许你们无法找到一个双方都能接受的价格，然后你寻找下一个卖家。这就是典型的讨价还价。价格是未知的，谈判过程主要是发现价格。

一个经典的问题是关于首次报价。是先出价，还是先问价？谁先出价，谁就"锚定"了谈判。

之所以称之为"锚定"，是因为它就像船舶使用的锚一样，一旦定下位置就很难移动——很难将其拖到新的位置。

在"锚定"的过程中，人们倾向于使用他们接收到的首个信息来引导随后的决策或行动。

在日常生活中，锚定的一个例子是商店中价格标签的使用。通过在商品上标价，商店就形成了一个难以移动的锚点（很难，但并非不可能）。为了促进学生的个人成长和发展，我经常会让他们进入百货商店，以商量好的折扣购买物品（尽管听起来不可思议，但他们确实完成得十分出色）。

另一种使用锚定效应的方式是将昂贵的物品放在便宜物品旁边，这会让便宜物品看起来物有所值。

请看图 10-1 的例子。这 3 个价位的选择和商品的陈列位置使得标价 2000 英镑的手表瞬间显得非常划算。

10 000 英镑的手表　　30 000 英镑的手表　　2000 英镑的手表

图 10-1　手表的例子

理解这个现象之后，你就会发现身边有很多锚定偏差的例子。

参考价位的框架效应和启动效应

商店在这方面做得很好——为同类产品制定一系列不同价格。可以说这是为不同人群提供适合的商品，但仔细想想，有多少人会买那些最昂贵的商品呢？还是说，它们是为了让其他商品看起来更物美价廉？使用多价位的分层定价是一种非常有效的技巧。

市中心的商店经常展示一些价格非常高的产品。随着时间的推移，购物者逐渐适应了高价位，因此稍微低一点的价格看起来就显得十分划算，或者至少在那个特定的时间点对购物者来说是物有所值的。

同样，还有我所说的"商场效应"。你是否逛过大商场，或是小商店扎堆的商业街，那些店通常都销售类似的产品或具有共同主题的产品。一旦踏入其中的一家店，你就明确表明自己是一个潜在的客户，"商场效应"是指你看到了许多选择，实际上有太多的选择，这意味着你需要帮助和建议才能做出选择。幸运的是，在商场里有很多行家和店员愿意为你提供"最佳选择"的建议。同样，众多的价格选择也意味着锚定效应的发生。如果你在家或办公环境中冷静地看待一个固定的价格，你对商品的看法将会与接触过众多高价位产品后的看法截然不同。就像上面举的手表的例子一样，当看到贵得离谱的手表时，一般"昂贵"的手表就显得划算多了。

顺便提一下，如果你想快速浏览多个购买选项，特别是希望了解不同产品的种类和范围，那么商场可能是最佳选择，而这种了解在其他情况下可能很难或者会耗时良久。这或许在一定程度上可以解释为什么商场一直大受欢迎。

战术价位——将价位作为路标

大多数人都能从常见的连锁咖啡馆中看到以下 3 种价格选择（见表 10-1）。

表 10-1 常见咖啡价格

小杯	中杯	大杯
1.85 美元	2.10 美元	2.45 美元

这些价格恰好是基于星巴克在美国的咖啡价格制定的，这种价格设置对大多数咖啡供应商都适用。

因此，如果你想喝咖啡，走进当地的咖啡店，你会发现 1.85 美元可以买到一杯咖啡。然而，当你的眼睛扫过一排咖啡时，有趣的事情出现了。只要多花 25 美分，你就可以喝到更大杯的咖啡。再多花 35 美分，还能买到更大杯的咖啡。你会觉得它们更划算。应该选择哪一种呢？

显然，大多数人都选择了中杯：根据一项研究的数据，中杯咖啡的销量最高，其订单数量几乎是其他杯型的两倍。

既然中杯是"销冠"，为什么还要有小杯呢？当然是要通过小杯引导你购买中杯（或大杯）了。与启动效应类似，小杯在价目表中排在第一位，因此它成为评估后面选项的标准。换句话说，1.85 美元就是引导你向上交易的锚。这就是商家利用了战术价位帮助客户做出决策。

另外，商家的措辞也很有趣。星巴克并不会使用"小杯"（Small）这个词来形容自己的杯型，他们的最小杯型是"中杯"（Tall），然后是"大杯"（Grande）、"超大杯"（Venti）。

再举一个例子。《经济学人》（The Economist）是一本备受赞誉的商业杂志，自 1843 年创刊以来一直备受关注。据麻省理工学院的丹·艾瑞里（Dan Ariely）称,《经济学人》的在线定价方案如下：

- 只订阅电子版，59 美元。
- 只订阅印刷版，125 美元。
- 订阅电子版 + 印刷版，125 美元。

纵观这些选择，你会发现中间的选项似乎有些不合理，很多余。既然可以用同样的价格订阅电子版 + 印刷版，为什么还要选择只订阅印刷版呢？

麻省理工学院教授丹·艾瑞里在麻省理工学院做了几个实验，问他的听众在 3 个选项中会选择哪个。

他得到了以下结果：

- 只订阅电子版，59 美元，16% 的人选择。
- 只订阅印刷版，125 美元，0% 的人选择。
- 订阅电子版 + 印刷版，125 美元，84% 的人选择。

这意味着每位客户的平均消费额（或平均价格）为 114.44 美元。

这也许就是我们期望看到的结果，"多余的"中间选项得分为零，人们要么选择第一个选项，要么选择第三个选项。

然后，艾瑞里删掉了明显不合理的中间选项"只订阅印刷版"，进行了第二次实验。实验结果如下：

- 只订阅电子版，59 美元，68% 的人选择。
- 订阅电子版 + 印刷版，125 美元，32% 的人选择。

这意味着每位客户的平均消费额（或平均价格）为 80.12 美元。

我们可以看到，选择"订阅电子版 + 印刷版"的人数锐减，而选择"只订阅电子版"的人数骤增。这意味着平均消费额大幅下降了约 30%。仅 1% 的价格变化对赢利能力的影响便很大，想象一下平均价格下降 30% 会对企业有多大的负面影响。

发生了什么？显然，中间选项帮助人们做出了决策，这个选项的设置对《经济学人》杂志有利，增加了杂志的订阅量和收益（有人认为对客户也有利，因为他们可以阅读该杂志）。这又是一个战术价位改变人们决策的例子。

有趣的是，如果把上述两个场景颠倒过来，我们就能看到改变价位的数量和差额，是如何影响平均交易额的。企业可以利用这个机会在自己的定价策略中探索这种影响。这在 B2C 市场中是真实存在的，在 B2B 市场中可能也有切实的影响。通过引入或改变价位的顺序和数量，会产生不同的平均交易价值。简单做几个测试，就能发现潜在的改进机会。

如果你打算进行实验，不妨考虑一下，虽然我们有时可以通过实验推测影响客户决策的因素，但没有什么可以替代实验的方法。与客户一起设计和试行一个安全的实验，可能是预测提价会带来什么结果的最可靠方法。

接受偏差

我们大多数人都认为自己是理性的，因此大多数其他人也一定是理性的，但大量的研究证据表明事实恰恰相反。这意味着，接受偏差并使用偏差的企业会发现新的方法来影响客户行为，实现"交易升级"，或者只是简化客户的购买过程。

这种现象在当今经济中随处可见，从奢侈手表到街头咖啡连锁店都是如此。我们已经看到，人和市场往往是非理性的，因此，框架效应和启动效应是企业提高价值（通常是价格）的热门选择。更具体地说，企业使用框架效应和启动效应来引导客户购买他们应该购买的产品，并引导他们购买更高价格的产品（他们可能会辩称，从长远来看，这对企业和客户都是有利的）。

对于了解内情的客户而言，了解这些偏差，可以帮助他们避免受到此类影响，避免以这些方式做出决定。

✏️ 练习：识别企业中的偏差

请思考，就你的企业而言，决策过程中可能存在哪些偏差。在哪些方面，"先入为主"会过度影响你的决策方式？你是否会审查决策以及你用来制定决策的外部参照点？是否有办法确保你采取了全面的视角？请填写表 10-2。

表 10-2　识别企业中的偏差

项目	今天	本周
启动效应导致的偏差： 首先接收到的信息会改变对随后接收到的信息的感知方式。		
降低敏感度导致的偏差： 追求理性，用数字客观衡量事物。		
损失规避： 我们对待损失和收益的态度不同。检查一下，如果把每一次损失都改写成收益，会发生什么？		
来源偏差： 如果背景发生变化，同一事物会被赋予不同的价值。		
锚定偏差： 锚点很难被拖到一个新的位置，就像船锚一样岿然不动。		

指导：偏差会影响人们做出理性决定的能力。偏差并

不意味着人们总会做出错误的决策，而是意味着人们做出决策的过程并非基于理性的逻辑。因此，这项工作旨在寻求和提高理性（非常值得进行），因为从长远来看，它可能更加可靠。针对每种偏差，思考企业的流程、程序和决策中是否存在这种偏差。请思考影响决策方式的因素，思考在当前和接下来的一周内可能出现这种偏差的领域或情境。就此列出清单后，你就可以考虑是否要质疑具体决策背后的思维方式、决策所依据的事实以及是否需要做出改变。

本章小结

- 研究表明，尽管人们可能会认为自己很理性，但他们和市场往往都呈现出相当程度的非理性。
- 认知偏差（如框架效应和启动效应）被企业用作提高价值，进而提高价格的有力手段。
- 这些偏差也常常被企业用来引导客户购买价格越高价值就越高的产品。

需要考虑的问题

接受偏差

你了解哪些客户偏差？

竞争对手如何利用偏差来增加或减少客户价值？

本章练习

识别自己企业中的偏差。

PART 11

第十一章

企业提价的其他策略

重申一下，本书中谈及的提高价格，并不是鼓励企业牟取暴利。相反，我自始至终建议大家提高价格，是希望各位找到帮助高增长企业生存和发展的方法：将更多资金投入产品开发和员工身上，制作更好的产品，为客户提供更多价值。换句话说，就是攀登价值阶梯。

这里存在一个明显的良性循环，但许多企业还没有建立起合理的定价和利润结构，就试图阔步前行，未免操之过急了。毕竟，企业的长期成功只有在建立在可持续的竞争优势和有效的业务战略的基础上才最为安全。这往往需要投资，企业投资最容易从毛利润和营业利润中获得资金。

产品的价格和利润越高，企业就能在员工培训中投入越多的资金、给予他们更高的薪酬，这反过来又有助于培养一支更有幸福感、更有生产力、技能更娴熟的员工队伍。

特别是对于中小企业和初创企业来说，找到一种方法来攀登其所在行业的价值阶梯，就必须努力争取更富裕、更有眼光的客户，而制定合适的价格（在大多数情况下要高于现有价格）则是这一过程的重要组成部分。

因此，本章将围绕这一主题展开，继续回顾当今企业为提高价格而使用的其他一些技巧。作为消费者，你也可以问问自己在多大程度上受到这些手段的影响以及你可以采取什么措施。

价格能翻倍吗

每当听说有企业倒闭或企业家破产时，我都会心痛不已。我偶尔与这些倒闭企业的客户交谈，他们觉得那些企业的产品或服务的价格低廉到令人难以置信。那些倒闭的企业没能知道客户的想法真是太遗憾了！倘若他们能知道客户对于自己产品或服务的定价有这种印象，或许就不会走到倒闭这一步，令客户惋惜。

我曾与伦敦一家成功的专业服务企业的合伙人交谈，他们对一家瑞士钟表专业维修店的倒闭深表遗憾。显然，这位修表技师在维修各种类型的瑞士机械表方面技术高超，而且与将手表送到品牌所有者那里维修相比，这家维修店的收费低得惊人，可能仅为前者价格的四分之一。遗憾的是，那家专业服务企业没有当面表达对这位修表技师的赞赏——否则他只要小幅度提价，就能维持店铺运营了。

同样，如果我认为自己喜欢的餐厅定价过低，也会跟餐厅反馈。因为我喜欢去那里吃饭，不希望他们倒闭，否则我以后再也吃不到那里的美味佳肴了。这种情况多见于新开业的餐厅（新餐厅的失败率出奇的高）。在许多情况下，一家餐厅可能是为了实现创始人的理想而开设，但几个月后，账目一算，发现利润微薄，或者生意刚刚起步就走到了尽头。有时甚至在财务报告完成之前，餐厅就会陷入资金紧张和银行账户透支的困境，不久就关门了。

不切实际地压低销售价格，最终导致企业失败的情况很常见。一家企业本可以以 300 英镑的价格销售产品并取得成功，但却标价 100 英镑，结果破产了。这个例子或许听起来很极端，但他们的产品或服务失去了市场，剥夺了客户的选择权，同时也减少了市场竞争。

请思考第九章中概述的价格翻倍练习。有没有一种安全的方法，可以让你以比当前价格高出一倍的价格进行安全的市场测试？如果有，我建议你设计并实施各种形式的测试。你总能从中获得有趣的结果，找到可以改变一个企业的正确做法。还有另一种"精简做法"——也许你可以做个思想实验。你需要怎么做才能证明价格翻倍是合理的？实现这一目标需要哪些价值观、信息传递方式或其他方法？这个问题的答案可能会为如何逐步提高价格提供启示。

其他提价策略

本书详细阐述了价格翻倍的基本原理、潜在的认知偏差和解决方法，也介绍了当今企业在实现定价目标时采用的一些常见策略，主要是为了让读者熟悉这些策略，避免受其困扰。

隐蔽还是公开

一般来说，企业采用两种不同的方法提高价格，一种是公开手段，另一种是隐蔽手段。

公开手段自然是透明可见的，例如直接将标价翻倍。

相比之下，隐蔽手段通常不那么明显，有时会以隐秘的方式实施，可能会混淆价格，或者需要客户额外付出努力才能找到真正的价格。隐蔽手段通常保持产品标价不变或处于不确定状态，但会增加平均交易价值的规模。交易价值对企业有效提高整体价格很重要。

这两种方法各有利弊，我们将在本章中举例说明。值得注意的是，并不一定要在这两种方法中选择一种。有些企业会同时采用这两种方法。就我个人而言，我主张在所有业务往来中保持透明和诚实：向客户明确价格，并使用公开手段扩大交易规模，这种磊落坦荡的做法总是能获取客户的好感。

增强差异化和品牌的作用

企业已经意识到，客户进行价格比较的能力越弱，企业就越容易获得独立于竞争对手的价格。而提高价格比较难度的方法之一就是增加产品或服务的差异化，即增加与竞争对手相比产品或服务的不同之处。

我在前面提到了独特销售主张这个概念。独特销售主张的要素是一种重要手段，企业可以利用它来向客户传达"为什么他们应该购买"的信息。因此，你要问自己的问题是：如何让你的独特销售主张更清晰？如何让客户更清楚地了解你的独特销售主张？如何让你的独特销售主张更有效、更独特？

在前文中，我提到了品牌塑造和注入情感价值，情感价值是当今复杂市场中产品和服务的一个关键方面。企业品牌以及与品牌相关的信息是传达情感价值的关键，从而改变客户对产品的看法。提及"品牌"一词时，我指的并不仅是企业的象征标志，也是指企业名称和视觉形象的有机结合，更重要的是与品牌相联系、在传播中使用或反映的信息和价值观。

事实上，我遇到的一位在快速消费品企业工作的营销人员声称，任何企业的估值之所以超过其资产负债表的净值，都是由于品牌的价值。换句话说，品牌本身产生了超出其资产净值的溢价。相比之下，更传统的观点认为，一家企业的价值是由其赢利能力决定的，或者说是由其在一段时间内获得现金的能力决定的。品牌等非有形资产主导估值的观点也许是营销人员的一面之词，但这仍然是一个有趣的观点。

据《福布斯》报道，全球最有价值的 10 个品牌包括可口可乐、苹果、路易威登和丰田等品牌（见表 11-1）。我之所以强调这 4 个品牌，是因为你可能一看到这些品牌名称，就对这些品牌及其产品所代表的意义和价值观有一定的了解。此外，由于所有这些企业都既是 B2B 企业，又是 B2C 企业［或者说，实际上是 B2B2C（B2B 与 B2C 的结合）企业］，因此他们所传达的信息也因受众的不同而不同。说起亚马逊，他们的 B2B 客户可能会联想到其技术能力和可靠性，而消费者可能会联想到其卓越的服务和丰富的选择。所有这些方面不仅具有有形价值，还具有一定的情感价值。

表 11-1 《福布斯》年度全球最有价值品牌排行榜
（单位：10 亿美元）

排名	品牌	品牌价值	品牌收益	所属行业
1	苹果	241.2	260.2	科技
2	谷歌	207.5	145.6	科技
3	微软	162.9	125.8	科技
4	亚马逊	135.4	260.5	科技
5	脸书	70.3	49.7	科技
6	可口可乐	64.4	25.2	饮料

续表

排名	品牌	品牌价值	品牌收益	所属行业
7	迪士尼	61.3	38.7	休闲娱乐
8	三星	50.4	209.5	科技
9	路易威登	47.2	15	奢侈品
10	麦当劳	46.1	100.2	餐厅

从消费者的角度来看待路易威登，与该品牌相关的价值和信息是什么呢？与所有奢侈品品牌一样，路易威登提供的价值主要是无形的，与消费者的感受有关。一般而言，人们购买奢侈品是希望从中获得积极的感受，这些感受涉及对自身、对世界，甚至对未来的积极影响。这种无形的满足感会引导他们以高达 10 倍于功能类似产品的价格购买奢侈品。这就是情感价值的力量。

了解客户的价值观是在高增长企业的产品中注入情感价值的关键步骤之一。如果能够了解客户的价值观，我们就能找到与之建立联系的方法。因此，这项工作通常不需要从企业内部找原因——通常情况下，我们必须走出办公楼，与客户互动。只有深入了解客户的感受，企业才能为产品或服务注入情感价值。通过这种方式了解客户，我们就可以设计自己的品牌和战略，满足和迎合客户的价值观，而且是以一种与竞争对手不同的方式，从而增强我们的差异性。

举个简单的例子，一家希望发展壮大的会计师事务所的合伙人找到我。这家事务所规模相对较小，但很成功，位于英国的一个省会城市。这位合伙人想知道如何在一个增长并不是特别快的市场中实现增长，并获得新客户。我询问他们如何在销售对话中谈下新客户。这位合伙人回答说："我们会向潜在客户介绍我们事务所具有专业资质，价格公道，员工肯吃苦、讲诚信。"我不得不指出一个相当明显的事实：他们的自我介绍毫无新意。任何一家正规的会计师事务所都能套用这个自我介绍。

许多企业并没有真正做到差异化竞争。相反，他们提供的产品或服务几乎毫无特色，没有充分、明确地传达出他们有什么值得客户选择的信息。许多企业提出的主张都相似，在竞争激烈的情况下，这些相同点对鼓励犹豫不决的潜在客户购买或更换产品几乎没有任何作用，除非他们碰巧对当前的供应商不满意。如果市场没有扩大，没有新增客户，每一次新的销售都意味着企业从竞争对手那里夺取了市场份额。

再说回那家会计师事务所，他们需要的不是跟客户介绍自己与其他事务所的相同点，而是说出自己的特色以及差异性：是什么让这家企业脱颖而出？是什么真正让客户决定跟这家会计师事务所合作，而非另一家？即使企业无法声称拥有更好的客户服务、更高的客户满意率、更快的问询响应或其他竞争优势，还是要打造独特的竞争力。

　　企业总有机会打造独特的竞争力，尤其是在难以找到明显差异点的情况下。一个简单的"思想实验"可以为如何创造差异化和突出这一原则提供启示：鉴于该会计师事务所位于城市，而大多数城市都或多或少存在一些社会问题，他们或许可以与当地的慈善机构达成合作，甚至创办一个慈善部门来解决城市中的问题。这样一来，他们在与客户打销售电话时，就不必重复自己千篇一律的自我介绍，反而能就自己的慈善工作、取得的所有成就以及为了缓解该城市面临的社会问题、造福整个社区所做的努力侃侃而谈。听完这些，潜在客户也许就不会再问他们是否具备专业资格或者是否认真负责，而是更倾向于将其视为对自己有利的合作伙伴和值得支持的企业。这个例子只是一次思想实验（需待验证后方可继续），但关键在于寻找一种与众不同的方式，若能以符合客户价值观的方式实现，将成为一项极为成功的战略。

　　至于相同点，你见过会说自己的厨师水平不高，聘用的服务员价格低廉，还大量使用冷冻产品的餐厅吗？当然没有这样的商家。相反，每家餐厅都说自己的厨师非常出色，他们使用最新鲜的农产品，有技艺高超的厨师制作美味可口的高品质食物。这些又是相同点，如果每家餐厅都做完全相同的自我介绍，那么就没有差异化竞争力可以推动客户决策。更成功的餐厅会想方设法让自己的产品（包括信息）脱颖而出，为客户提供价值。

因此，所有企业家面临的挑战，都是如何有效地实现差异化，通过信息和价值的结合，以某种方式为客户创造情感价值（对于餐厅而言，除了提供美味佳肴，仍需额外的巧思）。

实际价格可能与标价不同

有些行业会刻意模糊客户需要支付的实际价格。一个众所周知的例子就是廉价航空业，他们可能会宣传乘坐一次航班的价格为 1 英镑，但这个价格并不是客户支付的实际价格。客户还需要支付税费。如果他们想要托运行李，选择在飞机上用餐，提前登机或选择座位，还需额外支付费用。此外，一旦客户登上飞机，便会面临各种推销，例如推销彩票卡、餐饮优惠、目的地城市交通票等。

在线市场也采用了类似的手法隐藏实际价格。亚马逊高级会员服务等显示的价格包含了高级送货服务，而亚马逊市场上的其他卖家或易贝等销售商往往将价格与运输成本分开。许多在线搜索引擎，包括嵌入在许多供应商的应用程序和网站中的搜索引擎，将根据所述价格寻找最佳交易，尽管这往往不包括运费在内。这意味着，当一个供应商提供了价格为 100 英镑（含运费）的产品时，另一个供应商可能会公布这些产品只要 30 英镑产品价格，但需额外支付 200 英镑的运费。运费显

然是一种策略。低廉的"价格"会在购物网站的搜索结果中排名较前，而粗心的消费者可能会在比价的后期才注意到运费，甚至完全忽略运费。

这种方法显然在一定程度上是有效的，因此这种方法被广泛采用。截至撰写本文时，易贝允许按最低价格（含邮费）排列产品搜索结果（"最低价格＋运费"），而亚马逊只提供按价格（不含邮费）排列的结果。不过，易贝的卖家们本着进取精神，找到了一种绕过"最低价格＋运费"排序功能的方法，即在一个商品的规格分类中加入低价选项。因此，当在购物网站上搜索"电缆"，如果一款产品有"10英镑"和"1英镑"两个价位选项，搜索算法会抓取较低的那个数字，并将价格为10英镑的商品显示在价格为1英镑的位置，在搜索结果中优先显示。

提供选项：使用定价菜单

高增长企业往往不知道客户希望花多少钱来购买其产品或服务。他们不知道客户有多少预算，这样做的风险是他们制定的价格可能会较低，而较低的报价会错失潜在的额外收益。企业通过请教客户来解决这个问题：使用定价菜单和扩展功能，了解客户希望花多少钱。这是实施连带销售或追加销售的一种具体方法。

汽车行业就是一个很好的例子。如果浏览路虎的网站，我可以花 115 960 英镑购买一辆标准装饰的长轴距版汽车。这个汽车价位相当高。不过，还有许多不同价位的车型可供选择。这种"价差"就是一种定价菜单，客户可以通过不同的价位来表达他们对产品的需求。

此外，如果我们在路虎网站上勾选所有选装件，总花销将高达 211 454 英镑，比购买基本车型高出 95 494 英镑，即支出可能增加82%。这意味着有更多消费能力的客户会将交易规模扩大高达82%。只有路虎才知道安装这些选装件所涉及的可变成本以及由此产生的利润贡献是多少，但这个定价菜单很好地说明了通过扩大平均交易规模来提高价格的方法。

同样，企业经常想尽各种方法来鼓励客户表明自己愿意寻求更高档次的选择，例如通过"升级"或提供多种选择的菜单。如果企业不确定客户的实际预算，这种方法尤为有用。如果客户有额外的预算，只要让他们相信你的产品或服务有价值，他们就会动用这些预算。

连带销售和追加销售

如果企业耗费巨大的投资和精力招揽了一个有购买能力

的客户，不能充分利用这个机会未免太可惜了。以下是企业使用的两种技巧，可以有效地提升客户的总消费金额。

连带销售是指提供额外的产品，让客户在交易时"顺手买一件"。

相比之下，追加销售则是尝试让客户在交易中购买更高档次或更高规格的产品。

这两种技巧都是渐进式的，因为它们是在已经达成的交易基础上促进销售。

在餐饮业和酒店业就可以找到这两种技巧的应用案例。快餐店擅长追加销售——询问客人是否需要多点几个菜或换一个更大的套餐（这就增加了食客的进食量摄入，可能对健康造成负面影响）。同样，当客人想要点咖啡或其他餐品时，咖啡店的店员通常不会具体询问客户想要的杯型，而是按照入职培训时学的话术询问"你要中杯还是大杯"，不提及小杯这个选项。这种话术或许会向客人暗示这些是最受欢迎的选择，有向客人提供建议或使其随大流的隐含意义。也许客人已经忽略了"价值较低"的小尺寸选择。或者，这只是一种让客人不再考虑低价选项的方法。

餐厅也善于使用连带销售。在比较正式的餐厅里，点菜的服务员经常会提出额外的配菜建议，或者提供客人可能特别喜欢的额外菜品（来点面包和调味品吗？）。这就增加了客人的消费数量，从而提高交易的总价值。

如果应用得当，这两个技巧应该透明且公平，并不违反市场规则和法律法规。然而，有些企业却没做到透明。很多时候，餐厅服务员会提供追加销售或连带销售，但不会告诉客人价格。他们有时在餐桌上会介绍"当日特价菜"，却对价格闭口不谈——在这种情况下，当日特价菜的价位很低，这是很不正常的。菜单上当然有常规菜品的价格，但这种口头推荐往往会让客人忽略价格。许多客人顺势点了特价菜或推荐菜品。通过推销连带产品或溢价产品，可以增加平均交易规模，并提高有效价格。

修改日费率与总费率

许多服务行业的工作方式是按日收取服务费，然后报出完成一项工作所需的天数。两者相乘得出总价。

然而，企业发现，重要的是要避免触及客户的敏感问题，即那些会给客户"敲响警钟"的事情，或容易进行比较的事情，而高日薪有时就是这样一个敏感问题。为了应对这些问题，一些企业降低了日费率，但增加了合同天数，因为他们知道或期望这样做可以提高成功的概率。这当然会误导客户认可企业在某项工作上实际花费的时间，但也是一种让供应商看起来更便宜、工作看起来更费力的方法。

繁忙的客户在做决策时也会寻找捷径。找出客户的敏感问题并加以避免，对于高增长企业来说非常重要。

捆绑销售

捆绑销售是指将产品或服务与其他产品或服务一起作为一个销售单位一起销售的策略。在捆绑销售中，所有捆绑产品通常使用一个价格。捆绑销售通常被定义为向客户提供更好的价值主张，事实可能如此，但捆绑销售对企业提高交易价值也起着重要作用。

捆绑销售至少通过两种方式提高交易价值，从而提高有效价格。

首先，捆绑销售可以使客户更难发现单个产品或服务的单独价格，防止客户将其与竞争对手的产品或服务比价。捆绑销售中的单个产品无法单独销售（因而无法单独定价）时尤其如此。

其次，捆绑销售通过说服客户购买捆绑产品中的额外产品，增加其总支出。通常情况下，捆绑价格定位较低于单独购买这些产品的总价格，这使得捆绑产品看起来物超所值。

捆绑销售的应用非常普遍，它在某种程度上与连带销售类似，但捆绑销售通常是交易的起点，而不是在销售时的既定位置上进行追加。

快餐店的套餐交易和微软办公（Office）等软件交易都采用了捆绑销售策略。快餐店的套餐通常包含一个三明治、一杯饮料和一份点心。这种"交易"比将单个产品加在一起购买更为划算，因此许多人会选择购买，但在没有这种套餐交易的情况下，他们通常不会选择与之完全相同的产品规格和产品组合。快餐店的整体交易量因此增加。

软件通常以类似的方式捆绑销售。微软办公的软件产品包括文字处理器（Word）、电子表格（Excel）、演示文稿（PowerPoint）和其他程序。这些捆绑软件包括 3 到 12 个单独的软件。微软还提供了年费或直接购买的选择，可以单人购买，也可以组团购买。最初，Word 等文字处理软件或 Excel 等电子表格软件可以单独购买，但现在我找不到可以单独购买的选项了。客户只需购买捆绑包，哪怕他们不想或不会使用所有软件。

图书出版商可能会将一系列图书捆绑成套装。客户可能会为了拥有完整的一个系列而购买这套书，而非只买自己想要的那一本。

亚马逊高级会员的服务包括快递、音乐、视频等。移动电话公司捆绑的服务包括通话、短信和流量。固定电话公司捆绑的服务包括通话、互联网等。餐厅推出套餐捆绑菜品出售。

捆绑销售可以将不同的供应物品组合在一起，因此产品可以与保修或服务计划捆绑。服务或产品还可以与培训或维护计划等捆绑销售。同样，汽车的销售价格通常包含保修和服务计划等内容，连带销售可能是一种金融交易，其利润率往往高于实际汽车本身。

在许多这种情况下，捆绑销售实际上比购买单个产品更受欢迎。如果是这种情况，如果这是企业的既定战略，那么企业就会利用单个产品的价位作为引导客户购买捆绑产品的信号，也就是说，单个产品的价格在很大程度上是为了强调捆绑产品有多么优惠。这说明了企业如何设定参考价格来引导购买者的行为。

如何在业务中使用捆绑销售取决于具体情况，但捆绑销售在许多行业中都具有强大的功能。

设定多个价位

许多企业会以不同价位销售多款产品。这些产品可能包括同一产品或类似产品的不同版本或品类。有些产品可能具有不同的功能，有些产品可能在提供的服务方面更高级，有些产品可能较为基础。

从客户的角度来看，设定多个价位可以让他们选择最适合自己需求的产品。如果企业只提供单一价位的产品，就需要推测这款产品是否特别适合某类客户。换句话说，多价位便于客户做出最佳决策，找到最合适的产品，因此让客户表明他们的偏好非常重要。

当然，不同的相关产品在功能和优点以及价格方面的差异程度，取决于提供这些产品的企业。企业发现，通过修改和改变产品特性和价格的差异，可以采用战略性方法找到在商业成功方面效果最佳的组合。

同样，你可以考虑自己的企业需要哪些产品特性的实际差异。这些差异可能非常大，例如经济实惠的智能手机和高端智能手机之间的差异；或者差异很小，仅基于品牌和价值，就像我们在前文看到的瓶装水产品。即使产品的物理性能相同，它们在价值和传达的信息方面也可以有所不同。

航空企业和头等舱

以客运航空企业的业务为例。在喷气式飞机出现之前的时代，航空旅行价格昂贵，只有那些有能力支付高额费用的人才能享受这项服务。航空企业的服务水平通常也很高，符合那些能够负担得起高价位的客户的期望。随着燃气轮机的引入，喷气式飞机时代到来，预示着旅行成本首次大幅降低。这反过来又导致价格下降。然而，航空业注意到，人们仍然对更高的价格有兴趣，因此他们开发了头等舱和商务舱旅行作为替代选择。现代航空旅行的主要优势是与其他选择相比，旅行时间大

大缩短。然而，严谨理性的人可能会注意到，同一航班上的所有乘客都会同时到达最终目的地，但有些乘客为基本相同的旅程支付了 10 倍的费用。

针对不同类别的客户采取不同的定价

一些企业拥有可以服务于多个不同行业的产品或服务。在一个行业中，一种解决方案的现行市场利率或价格可能与另一个行业有很大不同。通过根据特定行业的定价规范对客户进行细分，企业发现可以针对不同情况制定不同价位。进行客户细分的高增长企业发现，这样做既增加了该主张受到好评的概率，又支持那些对价格有较高期望的行业获得更高的利润。

定价跑道法

早前，我提到过企业不了解潜在客户的支付能力、意愿以及期望。为了解决这个问题，企业采用了定价跑道法。这是一些企业用来确定客户可用预算，并对竞争对手的报价水平进行一些校准的方法。该技术用于与客户建立持久的客户关系，与经过正式审查（例如竞争性招标）的供应协议形成鲜明对比。如果购买的交易规模不是很大，对客户来说也不是很重要，这种情况也会发生。

企业使用这种技术的方式是以相对较低的价格建立新的客户关系，然后逐渐提价。这类似于一架飞机在跑道上加速起飞，然后逐渐升空。许多基于订阅的 B2B 产品都采用了类似的策略。初始的价格水平可能对消费者的购买决策产生影响，然后随着时间推移，价格可能会上涨。在某些情况下，所有客户的价格上涨都是相同的，但在最复杂的情况下，每个客户在定价跑道上都有自己的阶段，或者完全在平行跑道上，尽管享用相同的产品或服务，他们支付的价格与其他客户不同。在专业会员行业中也能看到定价跑道法。在这些行业中，用户转换到新供应商的成本很高，而且在有线电视和卫星电视行业中，那些不愿意支付额外费用的消费者，最终会与服务提供商协商自己的价格，根据他们对价格的接受程度，同样的套餐可能会有不同定价。

当客户具有"黏性"时，企业常常采用此策略。"黏性"意味着客户一旦选择了某个产品或服务，除非受到强烈的外部刺激，不太可能重新考虑购买决策。因此，使用定价跑道法的企业会问自己，他们的客户黏性有多大。"黏性"可能是由高转换成本（购买新产品需要大量的工作、精力或金钱）或产品的低优先级分类产生的。

在英国，客户黏性的一个典型案例是支票或活期银行账户。统计数据早已证明，英国人离婚的可能性比更换银行的可能性更大。

企业发现，如果他们的战略成功基于黏性或客户保留，并且他们不在高端交易规模范围内，那么适度但积极地提高重复账户的价格是有意义的——也就是采取定价跑道法。

定价尾数".99"

有一个广为人知的现象，即当价格以".99"结尾时，客户往往会认为价格较低。尤其是当价格的第一个数字变小时，这种感觉更为明显。例如：

4.99 美元看起来远低于 5 美元。

9.99 美元看起来远低于 10 美元。

49.99 美元看起来远低于 50 美元。

然而，如果第一个数字保持不变，这个方法的效果要差得多，所以：

48.99 美元看起来并没有比 49 美元低很多。

174.99 美元看起来并没有比 175 美元低很多。

这种现象很大程度上是启动效应造成的。值得注意的是，当价格最终不得不提高时（例如，由于通货膨胀），此类定价就会出现问题，因此它们越过了这些价格线。如果价格的整数部分必须增大，那么人们可能会认为价格上涨得更多。

应对过度需求

如果对可用产品的需求量过大，企业将有机会选择最优质的客户。在定价方面，最好的客户通常是那些愿意支付更高价格的优质客户。

航空业通过在特定航班接近满员时提价来实现这一目标。预订座位越晚，价格越高。如果一家航空企业采用了成本加成定价法，这种做法就不合逻辑了，因为之前的销售已经负担了航班的成本，而几乎满员的航班上，多一名乘客的边际成本接近于零，空座应该更便宜。正如我们之前了解到的，成本加成定价法往往存在问题。显然，航空企业已经意识到，在这种情况下供应的稀缺性会压倒这种有缺陷的逻辑。

2000 年，我参与建设一家早期互联网企业，我和团队前往波士顿会见了一位著名的专业网站建设者，他是该领域的领导者。我们对建立一个网站以及开发一些额外功能非常感兴趣，比如在某些正在销售的产品旁边使用网络摄像头显示网站用户的面部。开发商给出的报价是建设网站 190 000 美元，安装网络摄像头相关工作 230 000 美元。这些数字比我们的预期高出 10 倍以上。我们知道供应商非常忙碌——因为当时全世界都在建设或购买网站。面对巨大的需求，他们显然决定最大限度地发挥剩余产能的价值。只有在我们愿意支付高额费用的情况下，他们才愿意达成合作。我们回绝了他们的报价，但

我确信他们找到了其他人来压榨剩余产能——至少直到下一年"互联网泡沫"市场崩溃为止。

这个网站的例子或许有些极端，然而企业通常会随着供给的减少逐步提高价格，以应对过剩需求并获得可观的回报。这种做法最大限度地提高了边际销售的赢利能力。一旦产能达到极限，即使存在额外需求，也无法通过增加销售来满足。

让优质客户明确自己的身份

史蒂芬·都伯纳（Stephen Dubner）和史蒂芬·列维特（Steven Levitt）在《魔鬼经济学》（Freakonomics）一书中重点介绍了电子邮件诈骗。这些诈骗者通常群发邮件给数百万人。在这些诈骗中，发送者使用措辞糟糕、几乎一眼就能被看穿的电子邮件内容，承诺对方只要预付一小笔钱，就能获得额外的钱。为此，对方有时需要向诈骗者提供自己的银行详细信息。

都伯纳和列维特就此提出问题，为什么这些电子邮件的措辞如此糟糕，简直摆明了是骗局？为什么诈骗者不费心隐藏他们的欺骗行为？他们认为，这种看似不高明的骗术实际上是故意的。会回复这种电子邮件的人更容易上当受骗，更有可能继续与诈骗者互动，直到被骗取资金为止。实际上，诈骗电子邮件使用糟糕的措辞是为了筛选出更容易上当受骗的目标。

诈骗电子邮件和骗子的确令人愤慨，然而我们可以从中汲取一点启示：让客户在心灵深处与贵公司产生共鸣必然是行之有效的。

有许多使用这个策略的例子。高端珠宝商的店面往往给人一种高不可攀的感觉，有时甚至不展示价格标签。这样做可能是为了阻止那些注重经济性购物的客户进入店内，以节省时间。只有那些已经定位为"进入市场"、愿意购买高品质产品的客人才会进入店内。这种策略还可能以某种方式促使那些决定进入店铺的客人做出购买决策，不然会因为不买东西而觉得丢面子。

同样，一些艺术画廊和零售店要求客人提前预约才能进行购物。这也是一种明确身份的策略，通过这种方式让客户自我认同为高端目标客户群体。前文提到的"商场效应"与之类似，即客人通过进入商场来明确自己的身份。

在开放银行业务中，消费者允许企业查看他们的财务状况，并为他们提供服务。在许可营销领域中，消费者允许他们的个人资料被用于生成与他们可能感兴趣的报价相关的信息，尤其是在线广告方面。

记得常常重新审视价格

在前文中，我们深入探讨了价格的重要性，它就像一个强大的杠杆。平均而言，当价格变动 1% 时，营业利润可以增加 11% 以上。这些额外的利润可以重新投资于改进产品和服务的质量。

许多企业在确定价格后，并不经常重新审视定价决策。有时候，价格决策可能长期被忽视，或者只有在面临新的业务压力或决策时才会被重新考虑。

一旦价格确定，许多企业会将重点转移到运营事务上，如销售线索的管理和促销活动的日常执行。只会被动地（在必要时）审查价格会带来问题，我们通常缺乏时间和意愿收集与竞争对手和客户决策相关的适当信息，也很少审查可能存在的框架效应、启动效应和其他偏差，而这些因素可能会对决策产生负面影响。

相比之下，那些积极进行价格管理、主动寻求定期动态审查定价决策的企业，可以获得更有利的结果。他们准备得更充分，利用企业家思维思考定价，并制订了渐进的计划来实现更高的交易价值。

为了进行智能定价，请提出以下问题：如何围绕价格制订积极的计划？你多久重新评估一次贵公司产品或服务的价位？你通过什么方法评估定价？参照点是什么？你对自己的一手好牌了解多少？可以引入哪些动态因素来提高交易价值？

✏️ **练习：你将如何采用这些策略？**

　　思考在你的企业中如何运用本章的策略，以达到更好的效果。为了帮助确定每种策略的机会，你可以列出促进因素（支持使用策略的因素）和阻碍因素（阻碍使用策略的因素），以帮助你判断每种策略的适当性和潜力。

（1）做两个价格翻倍练习。
　促进因素：
　阻碍因素：

（2）增强差异化和品牌的作用。
　促进因素：
　阻碍因素：

（3）实际价格可能与标价不同。
　促进因素：
　阻碍因素：

（4）提供选项：使用定价菜单。
　促进因素：
　阻碍因素：

（5）连带销售和追加销售。
　促进因素：
　阻碍因素：

（6）修改日费率与总费率。
　促进因素：
　阻碍因素：

（7）捆绑销售。
　促进因素：
　阻碍因素：

续表

（8）设定多个价位。 促进因素： 阻碍因素：	
（9）定价跑道法。 促进因素： 阻碍因素：	
（10）定价尾数".99"。 促进因素： 阻碍因素：	
（11）管理过量的需求。 促进因素： 阻碍因素：	
（12）让优质客户明确自己的身份。 促进因素： 阻碍因素：	
（13）记得常常重新审视价格。 促进因素： 阻碍因素：	

指导：审查如何在你的企业内使用每种战略。使用促进因素和阻碍因素是列出每种策略优点和缺点的一种方法。为此，你可以问问自己：提高客户价值的潜力是什么？有哪些动态因素在起作用？可以利用哪些试验来填补信息空白？你还可以考虑不同的时间框架——今天看似不可能实现的事情，明天可能成为关键的战略任务。

本章小结

- 大多数企业并不经常重新审视其定价决策，一个定价甚至会持续用很长时间。

- 当价格提高 1% 可以带来销售额增长 4 倍的经济效益时，维持当前定价就变得毫无意义了。

- 企业经常使用公开和隐蔽的手段来制定和提高价格。隐蔽手段包括保持标价不变，但利用其他因素来增加整体交易规模。

- 企业采用的行之有效的提价策略包括：

  - 设定多个价位。

  - 增强差异化。

  - 使用定价菜单。

  - 连带销售、追加销售。

  - 避免定价敏感问题。

  - 捆绑销售。

  - 定价跑道法。

  - 利用过量的需求。

  - 引入情感价值（和强化品牌）。

  - 针对不同客户类别采用不同定价。

  - 利用定价跑道法管理持续上涨的价格。

  - 让优质客户自我认同。

需要考虑的问题

隐蔽手段还是公开手段 贵行业的企业是否采用隐蔽或公开的提价方式?	**使用的技术** 贵行业中的企业使用了哪些提价技巧? 例如:差异化、情感价值、定价菜单、连带销售、追加销售、总费率、捆绑销售、多价位销售、定价跑道法、需求过剩。
品牌 在贵行业中,品牌在增值方面发挥着什么作用?	

本章练习

你将如何采用这些策略?

第十二章

通往成功之路

　　近年来，随着"终身工作"的吸引力和可行性大幅度减弱，人们对创业的兴趣明显提高。各类院校推出的众多课程，以及众筹平台的出现都为创业提供了支持。各种政府补助和税收激励措施也在鼓励创业。总体而言，现在创业更容易，也更具诱惑力。

　　高增长企业通常是创新的推动者和领导者，无论从哪个角度来看都应该得到扶持。他们需要财政援助，无论是来自政府、贷方、风险投资家，还是其他渠道。他们还需要非财务援助，尤其是管理专业知识，无论是来自成熟的企业家、商业顾问、商学院，还是其他专业知识来源。

　　规模较大、历史悠久的企业也同样需要创业思维。无论在哪个国家，大型企业都是国家生态系统中的重要组成部分。这些企业的规模使其能够实现较小型企业无法实现的规模经济，其稳定性为包括投资者在内的许多利益相关者提供了至关重要的就业机会和长期规划。大型企业往往也收购和整合高增长初创企业，为从研究到全球推广的技术转让过程提供了重要一环。例如，以技术创新著称的苹果公司已经收购了100多家处于早期阶段的企业。这些收购通常是针对那些开发出了令人感兴趣的技术或在不断增长的高端市场中创造了创新市场地位的企业。

不过大型企业也面临着挑战。这些企业就像一艘艘超级货轮：构造复杂、反应缓慢、难以驾驭。大型企业内部的复杂性会不断分散管理层的精力，使其无法专注处理重要的风险管理和有关创业思维的任务。提高董事会决策质量的举措，大都强调了企业家视角的重要性。

当然，所有这一切都建立在拥有积极的客户价值主张的基础上，并且最好在某些方面是独特的或与竞争对手截然不同的。尽管我们在本书中对这些主题进行了深入探讨，但还是要说，长期竞争力只有建立在可持续的竞争优势和令人信服的战略基础上，才是最安全的——这些优势和战略通常来自企业内部产生的产品或服务创新，以及企业内部的快速感知机制，能够迅速发现并抓住市场机遇。

在对所有这些因素进行确认之后，我们应该回顾此前所做的工作，并加入一些新的思考主题，以帮助实现这些总体目标。

如果本书能够帮助贵公司实现哪怕是 1% 的价格提升，并且你能够将由此带来的 11% 的利润增长进行再投资，那么我就成功了。

整合所有工作成果

我在本书的开头解释过，写本书的一个主要目的是帮助企业更好地利用定价发展壮大。我所说的"企业"既包括中小企业——它们往往是经济的创新者——也包括大型企业。二者都是社会和经济的巨大价值来源，尤其是通过纳税和提供就业机会。因此，这些企业的管理者都应该掌握商业管理知识以支持企业发展。

此类企业往往缺少对于定价的重要性和影响力以及随后的定价流程和方法的正确认知，以确保能够最大限度地发挥智能定价的潜力。

本书的大部分内容都是关于如何认识和理解客户价值，而不是使用老套的、有限的基于成本的定价方法。我希望通过阅读本书，你能够获得关于为什么、何时以及如何考虑这些问题的新认识。另外，本书还着重介绍了市场测试和使用客户实验的重要性，以克服复杂性，并更深入地了解客户对价值的看法以及如何将这些洞察转化为定价决策。

本书的大部分内容旨在重新塑造商业人士的思维方式和观念，以改变他们对定价方法和优先次序的理解。其中一个目标是帮助企业克服认知偏差和对提价感到内疚的情绪，从而在定价决策中更加自信。另一个目标是解释积极管理价格的重要性，并重点介绍企业用于帮助实现这一目标的一些方法。

为正确的机会和正确的市场找到正确的方法

我希望你能够从本书中获得一些宝贵的启示，帮助你重新塑造对价格的思考方式。正如我之前解释过的，本书中的建议和方法并不能做到无所不包，因为不同的行业和领域具有不同的结构和实现销售目标的方法——具有不同的动态、规则、规范和相关的成功因素。尽管如此，我希望你所读到的各种方法和观点能给你带来有价值的想法和启发。

在本书中，我们了解到定价过低是创新企业容易犯的一个重要错误。由于缺乏典型或既定规范，创新带来了一些特殊的挑战。不仅是小型企业或新创企业，大型企业也会在定价的重要性上犯关键性错误。创业者或管理者常常将重点放在业绩增长上，却忽视了持续经营的能力和产生现金用于再投资的至关重要性。

我们探讨了一些企业为自己无法提价而提出的论点和理由以及认知偏差对管理思维的影响。同时，我们还发现，实际上大多数取得成功的高增长企业是通过对其产品收取相对较高的价格来实现的。定价不够高，最直观的后果是员工的薪水问题，但更严重的影响是长期缺乏资金用于产品开发的再投资和支持不断增长的现金流需求。

我们回顾了价格与价值之间的关系。我们发现不仅处于早期发展阶段的企业没有充分关注定价，大型企业也常犯同样的错误。一些例子显示，对于一些备受瞩目的倒闭企业来说，如果他们将产品价格或平均交易价值稍有提高，也可以实现收支平衡。

我们回顾了传统的定价理论，并思考了消费者是如何习惯于接受某些规则和概念，而往往不去探究其背后的逻辑的。我们注意到，许多具备完全相同功能的产品在市场上以多个价位销售。实际上，有些产品的价格常常是同类产品的3倍到10倍，尽管它们的功能基本相同。单是这一结果足以让那些富有企业家精神的人兴奋不已——一扇全新的"大门"正在打开，为实现差异化和取得成功提供了更多全新的机会。我们还发现，企业（通常）不可能既压低价格又追求品质，还指望赢利。

我们对高增长企业的增长进行了定义，并参考了《哈佛商业评论》的研究，该研究衡量了价格对利润的巨大影响。该研究强调价格的变化对利润的影响几乎是销售额变化的4倍。麦肯锡的研究还表明，一些公司在主动定价时利用了非线性关系，因为不同类别产品的客户对价格的审查程度存在很大差异。

正如我们在A企业和B企业的例子中所观察到的，与价格较低的企业相比，产品价格较高的企业完全有可能失去一些潜在客户，将较少的潜在客户转化为实际销售资源，但企业的赢利能力仍然要比产品价格较低的企业强得多。这样的企业更有能力对重要的战略领域再投资，从而实现良好发展。我们还探讨了营运资金，并解释了为什么有些企业会因销售额迅速增长而陷入破产的困境以及定价在避免这种情况发生方面的作用。

我们对高增长企业采用的成本加成定价法的有效性提出了质疑。尽管成本加成定价法经久不衰，但它并不符合现代经济对差异化产品的关键要求。

成本加成定价法还可能将企业产品的重心从客户视角转移到内部运营的自省视角，从而对企业产生不利影响。

因此我们研究了价值基础定价法，价值基础定价法旨在探寻价值对客户的实际意义以及如何利用这一信息来制定价格。除了探讨价值的意义，我们还研究了客户参考点的重要性、产品捆绑销售以及增加情感价值的重要性。此外，我们还发现一些行业在避免破坏性价格竞争的同时，采取了一些方法来提高客户感知价值。

本书还介绍了利用大脑扫描进行的研究，这些研究证实，尽管所有条件相同，许多人在支付更高的价格时认为自己获得了更多的物质奖励。以前对价格相差悬殊的同类产品进行的研究表明，价格对客户对于产品质量的感知以及他们对产品价值的判断有很大影响。但脑部扫描结果却显示，这种反直觉现象在大脑中得到了实际体现。无论产品是否与众不同，高价位都会激发受试者大脑中的奖励中心。这一重要结果在一定程度上促使我们重新审视自身和客户的理性假设以及我们制定价格的方法。

本书解释了将利润再投资于高增长企业可产生巨额财务回报的机制。通常，高增长企业或创新项目的内部回报率为25%—50%。企业可以再投资的每一英镑或每一美元，都将以这种复合增长率逐年增长。将这种再投资动态与一家只懂得分发股息、产品价格较低的企业进行比较，可以看出即使仅过了几年，企业的发展结果也大不相同。

价格能否翻倍？或者更准确地说，是否可以在市场上进行安全的测试，看看价格翻倍后会发生什么。还有一个问题："你怎么证明这种提价是合理的？"许多企业都有过这样的安全的测试，而且往往发现这种测试非常有意义。通过这种测试，企业获得了关于客户价值和客户决策的全新洞察。有时，他们会惊讶地发现自己的定价长期偏低，而后建立一个更加渐进的定价机制可以帮助他们吸引优质客户，并实现快速、可持续增长。

即使没有在市场上进行实际的价格翻倍实验，思考设定这样一个价位所需的条件也是一种以客户为中心的思维方式，值得一试。这种思考方式可以在重新定位企业所提供的价值方面带来突破。

一些企业在完成这两项工作后，将价格提高了100%，甚至300%。另一些企业则认为，5%、25%或50%的涨幅更适合自己的情况。无论如何，掌握这一点后，这些企业的财务可行性和再投资能力都得到了提高。

本书还深入探讨了企业在实现更加令人满意的经营成果方面所采用的其他技术和方法。许多企业（尤其是那些生产消费品的企业）常常利用认知偏差——例如框架效应和启动效应——实现特定的市场效果。一旦掌握了正确的观察视角，就不难发现客户，尤其是消费者，往往是非常不理性的。纵观一些更有趣的认知偏差，高增长企业可以利用这些偏差来改善客户体验，或引导客户做出符合自身利益的决策。像提供多个价位选项来帮助引导客户做出决策的技巧，出人意料，却是企业常见的做法。使用框架效应和启动效应是提高产品市场竞争力，并为客户带来更大价值的途径。

本书已经帮助许多人重新审视自己的定价决策，并总结出可能需要做出哪些改变，或者需要在市场上进行哪些实验，以便做出合理的调整。本书还对这些内容进行了自然延伸，进一步提出了企业如何有效定价或提价的策略建议。

品牌在众多产品的认知和价值传递中扮演着重要角色，与包装一同成为成千上万种产品类别中为数不多的差异化因素之一。有时，企业会使用隐蔽手段掩盖真实价格，客户看到的初始价格可能与他们最终支付的实际价格相差很多。他们要么自始至终忽略了这一点，要么发现时为时已晚，无法改变自己的选择。同样，有些客户的敏感问题最好避免出现。对许多咨询和服务企业来说，服务收费的日费率就是这样一种情况。有时候，企业发现降低日收费会让客户觉得这对他们非常有利，即使在整个合作关系中平均天数增加，总销售额仍然保持不变。

许多客户喜欢自己决定消费金额。向这些客户提供定价菜单，就为他们提供了这种选择。产品在多大程度上不同，或者实际上根本没有太大不同，这涵盖在产品系列的设计中，不同企业采取了各种各样的方法。在某些行业中，企业会针对非常相似的产品设定多个价位，利用框架效应干预客户的购买决策。同样，一旦客户参与其中，企业通过提供追加销售和连带销售选择，也成为一种互惠互利的价值来源。

不同类别的客户具有不同的需求，因此在价格方面"一刀切"很不合理（尽管这种做法可能很便捷）。因此，企业要利用定价来反映其多样性，就像传统的市场细分一样，有些客户愿意、有能力、也打算支付更多钱，有些客户支付的则可能较少。毫无疑问，在一切条件相等的情况下，那些愿意支付更多钱的客户通常是商业互动中更具吸引力的合作伙伴，他们为企业再投资提供所需的经济盈余以及随之而来的各种好处。

客户有各种不同的行为，他们的行为也会随着时间的推移而发生变化。根据特定关系的"黏性"程度，许多供应商会随着时间的推移逐渐提高某个产品或服务对个别客户的价格。定价跑道法以一种不太可能引起忠实客户负面反应的速度来提高产品价格。当然，这些定价跑道的起点也可以因不同类别的客户而异。

持续价值管理

从根本上说，如果说智能定价有什么核心原则的话，那就是经常重新审视价格。研究企业如何制定价格的关键经验之一就是认识价格的重要性并提高对其进行审查的频率。价格如此重要，这意味着企业应将其置于各种事务的前沿和中心位置。

对于大型企业而言，即使平均交易额只增加很小的一部分，甚至只增加几个百分点，也可以避免损失。我们提出了这样一个问题：董事会和高级管理人员真的无法找到方法实现这种增长吗？很多大型企业及其董事会可能并没有经常重新审视定价的作用，而是将其视为一项例行的任务。这也许是因为很少有人意识到定价能够帮助企业发展，更别谈对价格进行积极的管理、审查和控制了。又或者，他们认为定价这项工作太复杂，涉及的产品太多。尽管价格的影响和潜力巨大，但董事们可能还是将定价工作委派给了中层管理人员。

在每次董事会会议上，可以提出一个简洁而极具价值的核心问题：

我们每款产品上一次价格变动的日期是什么时候？

通常情况下，定价很少被提及，有时甚至只有一次。制定价格往往会带来一定的情感负担，这在一定程度上可以解释为何人们在执行这项任务时会感到尴尬或恐惧。此外，在规模

合理定价巧赢利

较大的企业中，众多价位可能会导致董事会在回答具体问题时耗费过多时间。然而，这个简单的问题可能足以防止价格停滞和其他一些问题的出现，并对利用定价实现有利的业务成果产生巨大影响。对于思想更前卫或更亲力亲为的董事会来说，还可以提出另外两个有用的问题：

（1）与市场上的其他产品相比，我们的产品价格水平如何？

这些产品分别处于什么价位？这些价位是低于、等于还是高于其他价位？由此向市场发出的定价信号是什么？这些都是值得反复思考的问题。在某些市场中，产品价格是持续不断地进行动态调整的，因此变化的速度可能会有很大的差异。这个问题可以帮助董事和管理者解释、讨论和审查相对定价策略。

（2）我们的客户在进行定价价值判断时使用的参照点是什么？

我们看到，客户往往无法以任何形式独立地衡量某件产品的价格。相反，他们会利用方便的参照点来确定什么是物有所值，什么是物非所值。这可能包括竞争对手的定价，也可能包括特定供应商的"定价菜单"、价格发现的"历程"、制定价格的环境以及其他任何外部参照点。

这几个简单的问题可以提高定价话题的曝光度，我认为定价应该成为任何商业董事会议程上的常规议题。

毛利率基准

分析和比较其他市场参与者的毛利率是一种积极研究圈层基准的方法，从而评估是否充分利用了定价机会。

毛利率是指毛利润与销售收入的百分比，计算公式为：毛利率 =（销售收入 – 销售成本）/ 销售收入 × 100%。设想一家企业有两个地址，一个是总部地址，另一个是工厂地址。总部负责销售产品，产品由工厂生产，然后运往客户手中。工厂为准备发货而产生的所有成本都将计入销售成本，包括用于制造产品的原材料、生产过程中使用的工厂劳动力以及部分其他工厂成本，包括机械成本、建筑成本、能源成本等。相比之下，总部的成本并不包括在销售成本中（这些成本将在损益表或利润表中进一步列报）。

销售价格减去销售成本就是毛利润。如果以销售价格的百分比表示，则称为毛利率。如果你的产品售价为 100 英镑，销售成本为 30 英镑（工厂生产准备发货的成本），那么你的毛利润为 70 英镑，毛利率为 70%。这个利润率可以与其他公司和行业毛利率的平均水平进行比较，提供重要的启示。

不同行业通常具有不同的典型毛利率水平。你可以将自己的毛利率与同行业的其他企业进行比较，以确定自身的毛利率水平是高还是低。许多在线数据库会提供特定企业或行业的毛利率数据，而英国公司注册处（Companies House）则提供免费服务，允许查阅所有英国企业提交的财务账目。

有些行业的毛利率为70%，有些为90%，有些为40%。这种差异通常是由于行业的结构特征造成的，即单位销售额与可变成本之间的关系，在特定行业内是相当一致的。因此，企业需要了解行业平均值，它可以作为一个帮助企业判断自身的价格在特定行业中是高还是低的指标。

表12-1是一些例子。

表 12-1　不同行业的毛利率

项目	工程业	软件业	家具制造
销售额	100	100	100
销售成本	65	1	61
毛利率	35%	99%	39%

据报道，2007—2018年，苹果手机的毛利率在60%—74%——换句话说，在此期间，苹果手机的制造成本占销售价格的26%—40%。咖啡是众所周知的高毛利率实体产品，即使在服务环境中，其毛利率也可高达80%。这也是咖啡店能够如此成功的原因之一。

客户的眼睛是雪亮的

重要的是，面对客户要保持谦逊。分析的确具有强大的作用，但我们必须接受分析可能出错的事实。这可能是因为分析存在缺陷（回想一下新可乐案例中的市场调研测试），也可能是因为市场的细微差别和复杂性远非我们所能轻易理解的，或者仅是因为客户很容易失去理性。

"客户永远是对的"这句老话很有意思。这句话有时正确，有时不正确。因此，在帮助引导客户做出决策和积极倾听客户意见之间需要取得平衡。因此，尝试新事物、利用市场实验和测量来克服客户决策的复杂性就显得尤为重要。

进行市场实验

企业的发展是艰难的。企业管理有时会让人感觉未知因素和不确定因素多于已知因素。有大量的商业理论和分析工具可以帮助我们应对大量的复杂事件和数据，帮助我们解决不确定性问题。然而，我们迟早会失去做出明智决策的可靠参照点。

世界各地的商学院中有众多图书馆，其中蕴藏着关于商业运营的丰富知识。然而，我们还是会遇到很多意外：每年都有许多企业意外破产，有时会留下成千上万的员工陷入困境。新的市场类别，它们具有革命性的意义，以出人意料的方式迅速发展壮大，以积极或消极的方式影响着我们的现代世界。

尽管我们对自身所知充满信心，但总有更多我们尚未完全了解的事物存在。因此，我们的理性有限，受限于我们所知道的、能够有效收集和分析的信息。

有一个不可思议的故事，讲的是一群童子军在暴风雪中迷失在了阿尔卑斯山上。他们极有可能丧生。后来，有人在自己的口袋里发现了一张地图，他们利用这张地图找到了安全的落脚地，所有人都松了一口气。第二天，他们再次查看地图，却惊讶地发现地图上标注的是完全不同的阿尔卑斯山地区，根本不是他们所在的山谷。这显然给我们上了一课：有时候，不管获得什么策略和信息都比没有好，说不定就能出现快刀斩乱麻的效果。同样，商界人士有时也会抓住一切可能的信息来制定决策。因此，在迎合客户时，谦虚谨慎固然重要，但也要意识到自省式决策的价值有限。

有没有更好的办法？我认为，有一种与市场实验有关的方法尚未被充分利用。如果我们不知道某件事情的答案，为什么不向市场寻求答案？如果不知道应该推出什么新产品，为什么不通过实验寻求答案？

与其推出单一版本的产品，为什么不推出多个版本，然后通过比较结果来看市场更偏好哪个版本呢？与其仅推出单一价位的产品，为什么不在几个不同地区同时尝试多个价位售出呢？通过这种方式，我们可以看出哪个价位优于其他价位。尝试新事物、确立新价位、寻找不同的方法来确定不同参考点的价值，这些都是在市场上进行实验的例子。通过衡量实验结果，我们可以获得有意义的见解，为客户决策提供实质性的帮助。这种实验方法利用客户实际购买决策的市场机制，克服了与传统研究相关的许多问题。

通往成功之路

我在下文列出了一些关于早期高增长企业的良好做法的补充建议——虽然这些建议与智能定价并无直接关联。这些建议同样适用于大型企业推出新的创新产品。虽然初创企业和早期企业具有一些特殊的需求和挑战，但其中很多原则同样适用于大型企业。这些都是一些通用性的提示和建议，适用于任何有发展愿望的企业。

初创企业在早期阶段会面临一系列明确的障碍：选择企业名称、成立法人实体、筹集资金、开发销售产品或服务、谈判重要的合作伙伴关系等。对于推出新产品的大型企业来说，通常要先进行市场调研，然后进行产品开发，接着寻求产品批准，进行产品的批量生产，然后通过各个渠道发售。在每一种情况下，在付出了所有这些努力之后，失败率还是很高，实在令人遗憾。据说，高达 90% 的初创技术或新产品都以失败告终。它们要么彻底失败，要么未取得预期成果。虽然其中有些失败是不可避免的，但许多失败都是由一些常见错误造成的，这些错误削弱了企业生存、发展和规模化的能力。因此，下面是我在指导和支持处于早期阶段的企业时最常用的五大成功秘诀。

1. 不断追求智能定价

对于已经活跃于市场并已实现赢利的早期阶段企业来说，不利于可持续发展的低价可能是限制其发展的最常见错误。这种错误的负面影响是企业永远无法产生再投资所需的（也是他们本应获得的）现金利润率，要么发展受阻，要么甚至生存受到威胁。正如你现在知道的，价格对企业具有巨大而不可忽视的影响。

2. 客户需要的产品更容易销售

容易销售的产品是客户一眼就能看到、一眼就能理解、一眼就想要的产品。许多产品的特性恰恰相反：它们并不直观，需要耗费大量精力进行解释，然后客户才能做出决定是否喜欢，最终，客户对其价值主张的反应也是冷淡的。

对于各种规模的高增长企业而言，当他们致力于开发和推出创新的产品时，这些综合问题可能成为大挑战。科技企业尤为如此，因为他们的高度创新产品往往属于全新的产品类别，有时甚至前所未有，因此缺乏既定的购买行为可以参考。在这种情况下，创新型企业面临的挑战是他们对自己的未知一无所知。

在面对这一难题时，企业通常不会承认这种不确定性，而是假设新产品或新服务已经有现成的市场，并假定他们知道应该如何进行开发和交付。这些假设一旦根深蒂固，就很难改变。这种过度自信的错误往往导致产品或服务难以真正销售出去。

我喜欢把这种情况称为高负担销售，它往往具有以下特点：

a. 对客户的受教育程度要求很高。

b. 寻求解决一个造成低度"痛苦"的问题。

销售创新产品意味着卖家必须投入大量的时间和资金，向客户解释价值主张。如果最终的转化率和毛利率无法达到足够高的水平，卖家可能会面临倒闭的风险。在当今繁忙的世界里，没有人愿意在购物上费太多心思。在停产产品的纪念网站里，到处都是没有获得市场认可或没有消费者购买的产品。

精益创业法等方法有助于避免这些风险。从根本上说，它们承认系统的不确定性，并通过战略性的销售互动采取渐进的方法，推出客户真正关心并愿意购买的产品。这种方法基于市场实验，其模拟尽可能接近真实的购买行为，比传统的市场调研更加可靠。

3. 尽早聘请一名称职的副手

新企业成立之初往往只有一个创始人。作为企业的第一位员工，这位创始人必须承担企业的所有任务，因为没有其他人可以分担他的工作。随着企业的发展，会逐渐招聘更多的员工，但有时创始人仍然是所有决策的核心，其他员工则是从创始人那里得到指导的执行者。在企业理论中，这种企业文化有时被称为"俱乐部模式"，即由一个人集中进行决策。

这种模式的问题在于它无法有效地扩展。随着企业的发展，需要有人纵观全局，从战略的高度来考虑问题。随着企业的发展，如果创始人只专注于细节，并跟进企业中的所有工作，他将很难有足够的时间和精力从战略的高度来考虑问题。所有规模较大的企业通常会招募一位可信赖的"二把手"，即一位与创始人能力相当的人，能够接手处理日常任务，使创始人能够退后一步，从战略的高度来纵观全局。这就是所谓的"抓大放小"。这能赋予企业战略眼光，实现规模扩大和增长。

4. 在实际扩大规模之前验证可扩展的商业模式

如果企业不在实际扩大规模之前验证可扩展的商业模式，通常会导致企业现金耗尽。许多处于早期阶段的企业的现金消耗率很高。对于亏损并每月消耗一定数量现金储备的企业来说，只要按计划进行，并且在消耗现金的同时实现关键增长目标，就没问题。关键问题是这些成就是否真能让企业按计划实现现金收支平衡。

在某些情况下，企业可能没有解决获得和开发新业务面临的关键挑战，或者在大笔投入资金时没有明确的关键目标。对于科技初创企业而言，这些关键目标可能并不是销售，而是研发成功，这可能进而关乎业务本身的交易出售。

一家新企业也许初尝销售的甜头，于是一鼓作气，开始大规模招聘，租赁新的办公空间，不断增加成本，因而加快了每月的资金消耗速度。他们这样做通常是期待销售量的增长能够随之而来。然而，若无法探索主要的"未知数"，若无法真正理解商业模式，那么其业务将停滞不前，销售无法进一步发展，而巨大的资金消耗将导致企业走向失败。

在增加管理费用之前，企业应确保已充分探索其业务模式，并确信销售增长（或其他目标）将会随之而来。我有时会用手摇音乐盒打比方。拼好一个音乐盒及其所有组件，并确保它能够正确演奏动听的曲调，好比初创企业在探索和寻找可持续商业模式的初始阶段。如果音乐盒运转良好，接下来就要加速转动手柄，让音乐的节奏越来越快、声音越来越响亮——这预示着可以扩大规模，企业可以放心地投入更多资金。

在前文中，我们提到了一个与营运资金相关的单独且具体的现金管理问题。哪怕一家企业的赢利能力很强，如果其营运资本明显为负值，那么增长将不可避免地对现金提出很高的要求，企业必须满足这些现金需求才能避免破产。

5. 面对不确定性，循序渐进

我之前提过市场实验在指导关键决策方面的重要作用。市场分析和商业理论可能非常强大，但客户的决策过程可能非常复杂，甚至对于外部观察者来说显得不太理性。

利用传统的市场研究来理解世界的另一种方法是使用市场机制提供洞察力，这可以通过设置市场实验并对业务决策进行渐进调适来实现。这是工程科学中的一个关键原则：做出改变，然后测量这个改变的效果。如果这是积极向前迈出的一步，请整合这一变化并继续渐进调适。如果结果为负，请恢复到之前的状态，并尝试另一个方向。

这种方法的一个关键原则就是测量由此产生的变化。这可以建立一个反馈循环，以便企业根据客户行为的实际变化做出明智的决策。这些测试有时被称为接触和学习周期。

建立和运用此类反馈循环，对于在竞争激烈的商业环境中追求成长的企业而言，可谓是一项极为强大的进行深入决策的技巧。

非常感谢你抽出时间阅读本书。我对写作充满热情，希望你在阅读过程中能够感受到与我写作时同样的乐趣。

附录 A A 企业和 B 企业简明损益表

A 企业和 B 企业简明损益表

企业	项目	A	B	注
i.	销售额（％）	60	40	销售额转换率
ii.	价格	100	130	
iii.	销售额	6000	5200	i. × ii.
iv.	可变成本	3600	2400	60 × i.
v.	毛利润	2400	2800	iii. − iv.
vi.	固定成本	2000	2000	
vii.	营业利润	400	800	v. − vi.

附录 B　平均损益的价格折扣

如图 1 所示，这表明价格、可变成本、销量和固定成本每变动 1%，就会导致研究结果中反映的经营利润的变化。

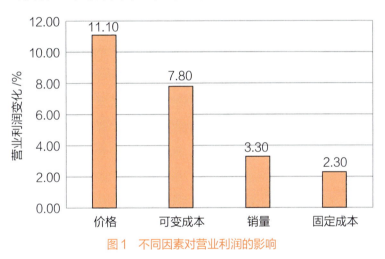

图 1　不同因素对营业利润的影响

基于表 1、表 2 这两个平均损益表，可以应用 5% 和 20% 的价格折扣。毛利润和营业利润的计算结果如下，同时还显示了为使赢利能力恢复到以前的水平，在新价格下所需增加的销售收入。

表1　平均损益表

项目	基本情况	1% 的变化			
		价格（增加）	可变成本（减少）	销量（增加）	固定成本（减少）
销售额	100	101	100	101	100
可变成本	70	70	69.3	70.7	70
毛利润	30	31	30.7	30.3	30
毛利率	30%	31%	31%	30%	30%
固定成本	21	21	21	21	20.79
营业利润	9	10	9.7	9.3	9.21
改变后的基本情况		11.10%	7.80%	3.30%	2.30%

表2　加入价格折扣后的平均损益表

项目	基本情况	提供5%的折扣	收回折扣		提供20%的折扣	收回折扣	
销售额	100	95	120%	114	80	300%	240
可变成本	70	70	120%	84	70	300%	210
毛利润	30	25		30	10		30
毛利率	30%	26%		26%	13%		13%
固定成本	21	21		21	21		21
营业利润	9	4		9	−11		9

续表

项目	基本情况	提供 5%的折扣	收回折扣		提供 20%的折扣	收回折扣	
改变后的基本情况		-55.6%		0.0%	-222.2%		0.0%